MW01100935

人生
何不尽兴

蔡澜 著

中国友谊出版公司

第一章

人生在世，最紧要的是有趣和快活

第二章

当一个美女，需要时间的浸淫

第三章

在烟火人间，享受此时此刻的陪伴

第四章

就算全世界都与你为敌，好吃的永远站在你这一边

人生在世，
最紧要的是有趣和快活

乐观

坐上的士，阵阵香味传来。

"怎么你的姜花没枝没叶，是一整扎的？"我看到冷气口挂的花。

"哦，"司机大佬说，"我住在荃湾，那边的花档把卖不出去的姜花折了下来，反正要扔掉，不如用锡纸包好，才两三块钱一束。卖的人高兴，买的人也高兴。"

又看到车头有些小摆设："车是你自己的，所以照顾得那么好？"

"刚刚供的。"司机说，"从前租车的时候，我也照样摆花摆公仔。"

"要供多久？"

"十六年。"他并不觉得很长。

"生意差了，有没有影响？"言下之意，是够不够付分期。

"努力一点，"他说，"怎么样也足够，总之不会饿死。"

"你很乐观。"我说，"近年来一坐上的士，都是怨声载道。"

"不是乐不乐观，"他说，"总得活下去，怨也活下去，不怨也活下去，不如不怨的好。怨多了，人老得快。"

"你不是的士司机，是哲学家。"我笑了，看到车头有个小观音像，又问，"你信观音，所以看得那么开？"

"一个乘客丢在车上，我捡到了就用胶水把它粘在这儿，我不是信教，只是觉得好看，没有其他原因。"

"你们这一行的，大家都说客人少了很多。"我说。

"很奇怪，"他说，"我不觉得，大概想通了，运气跟着好，像我载你之前，刚接了一单，客人一下车，即刻有生意做。"运气好也不会好到这么厉害吧？到家，我付了钱。邻居走出大门，截住，上了他的车。

偷闲

如果你是一个出入有司机接载的人，请别读下去，你不会知道我说些什么。

早上悠闲散步，过马路时交通灯柱下有一个黄色的长方形盒子，上面画着一个圆圈，圆圈内有三点，上二下一。

很多人用手去按，以为这么一来就有行人信号出现，可以过马路了，哪知等个老半天，红灯还是红灯，从不转绿。

为什么？原来圆圈和三个黑点那个地方是不会反应的，一点作用也没有，你要低下身去，找到黄色盒子下面一粒银色的按钮，那才是真正的过马路按钮，真是开玩笑。

黄色盒子按了，灯会转绿的，是黄盒子上有红玻璃部分，下面画着一只手那种，除此之外，皆行不通也。

请别笑说这么简单的事，有谁不知道？大把人不知道！

天下的人，都比不上香港人性急，画着一只手的，给人拼命乱拍乱按，油漆都剥脱模糊了，就像电梯中那个"关"字。

交通灯的更换时间也是全世界最快的。当今的已造福视觉障碍者，嘀嘀嗒嗒发出响声，这个嘀嘀嗒嗒可真快，嘀嘀嘀嘀，叮！嗒嗒嗒嗒，又叮！弄得看不见东西的仁兄们急得团团乱转，真是同情他们。

生活步伐一快，到了外国就急死人！为什么红灯那么久还不转绿？尤其是在东京，太久了，真忍受不住！乘的士又那么贵，差点便惹出心脏病来。

古谚也说过："到了罗马，就按照罗马人的习惯去活吧！"香港人绝对办不到，他们的心没离开过香港。

住在香港，跟着他们的节奏过活的话，那是大笨蛋一个！有空暇，何必那么急着过马路呢？有些电梯是液压式的，你再多按几下"关"也没作用。悠闲是可以偷回来的，问题出在你懂不懂得去偷罢了。

玩去

今早的新闻中，看到北京有一所学校，专教小孩子如何成为神童，读小学就能有大学的成绩，全年学费竟然高达十四万人民币。

校长出镜解释如何教导。他没有眉毛，皮笑肉不笑，一脸奸相，一看就知道是个老千，但也有父母上当。据专家们说，那里的教学方法，和普通的学校并无两样。

很多孩子，由父母及男女双亲一共六个人来宠爱，非成龙不可，两岁已进入学堂，失去了童真。

香港的也好不到哪里去，一两岁就要逼迫他们去幼儿园。我一些朋友都说单单为了孩子的学业，每个月花一两万。那么多钱，长大了还得了？留下来自己吃吃喝喝，多开心？

玩泥沙的日子何去？现在的儿童被关在石头森林中，来往之地只是学校和家里。个个戴近视眼镜，老气横秋，把头埋进计算机。自己的脑袋，装了什么东西？

我们在河里抓小鱼，叶中找打架蜘蛛，过的童年是那么逍遥，现在的儿童永无体会。

玩到五六岁才去读幼儿园，有的干脆跳开，一下子进入小学。是的，也许我们那时的儿童，长大了比当今的笨，但是我们快乐。

　　也明白做父母的苦心，不逼迫孩子，今后怎么和别人竞争？但是应该回头一想，自己已经竞争了一辈子，还要下一代重蹈覆辙？

　　想开了，就能放心。先让儿女玩一阵子吧！这是实实在在的，是他们再也得不到的时光。今生今世，永远不会忘记！

　　最佩服苏美璐一样的人物，让女儿阿明在小岛上自由奔放，阿明长大后会失去竞争能力吗？她那么聪明，是不可能的。还是倪匡兄说得对："好的孩子教不坏，坏的教不好，让他们玩去！"

闲与乐

曾经为"茗香茶庄"写过一副对联，曰："为名忙为利忙忙里偷闲吃杯茶去，劳心苦劳力苦苦中作乐拿壶酒来。"

自己的散文集成册，也用过《忙里偷闲》与《苦中作乐》为书名。

忙和苦到底有那么可怕吗？是的，如果你是一个朝九晚五的工作者，那么退休的安逸生活，是你渴求的；要是你付出的只是劳力，就简单了，老来过清淡的生活，舒服得很，养鸟种花，日子过得快。

人一不忙，就开始胡思乱想，以自我为中心起来。这很糟糕，不了解别人为生活奔波，以为做出的要求，非为你即刻办妥不可。

子女为什么不来看我？邮差为何不送信上门？每天派的报纸，怎么迟了十分钟？看病时，医生为什么不即刻为我检查？

人不能停下来，如果你是一只大书虫，那就无所谓了，看书的人有自己的宇宙，旁的事，太渺小了。

有时可真羡慕外国人的豁达，一代是一代，长大了离开，父母不管我，我也不必照顾他们，各自独立。有了家族观念，反而在感情上纠缠不清。说是容易，但我们摆脱不了生长在中国家庭的宿命，我们还是有亲情的，我们的父母、兄弟姐妹、孙子孙女，都要互相拥抱在一起，我们一老，就不能原谅别人不理我们。

忙与苦，都能解决一切烦闷，一点也不恐怖。对老来的生活，是一剂清凉的良药。

工作可以退休，自修总可做到老。喜欢的事，加以研究，够你忙的。从种种问题中寻求答案，别的事就不必去烦它。能得到的亲情，当成横财，就此而已。

闲与乐，虽说要偷、要做，但那杯茶、那壶酒，终于是喝进自己的肚子，忙就忙吧，苦就苦吧！

享受之。

恋爱

很多旅游景点的资源，政府都不会去发展，九龙太子道上的花墟，是其中之一。

大小花店、盆栽、插花用具一应俱全，在那里，你可以买到所有与花有关的商品，还有一间小店，卖各种草药、走路鸡鸡蛋和本地泥土种出的香蕉，也很特别。

再走过去一点，就是鸟市场。黎明，这里是金鱼贩卖的集中地。

停泊在路旁的货车，载着大量的姜花，那阵幽香，是清新的。不然也有大批的剑兰出售。一向认为剑兰才是代表香港的花，充满怀旧色彩，带人到另一时空。

来花墟的人，总有一份文化气息。朋友和我都赞同，爱花之人，好人居多。

多少女孩子，都曾经做过开花店的梦。诗歌、小说、电影之内，花店的女主人，都是漂亮的、好静的、文雅的。

在墨尔本生活时，就认识过一位活生生的花店女主人，她每天清晨老远地跑到批发市场进货，推着辆大人力车，一点也不觉辛苦。

"你是什么时候开始想卖花的？哪儿来的勇气？"我问。

　　她笑了："爱花。爱到执着时。"

　　道理就是那么简单，和爱一个人一样，你会牺牲一切。

　　"失败了呢？""失败再说吧，至少你可以说已经尝试过。"她说。

　　看准了一个目的，成功率较大。比方说你爱牡丹，就专门研究牡丹，成为专家，卖得出色。别人一想起牡丹，就想起你的店。花墟里，有很多家专卖兰花的，都站得很稳。

　　太花心了，变成没有个性。杂不弄通，什么都卖的店，你不会记得。

　　恋爱，不也是一样吗？人活着，有了恋爱。对方不一定是人，花也行。

快乐法

报纸上看到一则闲闻，说英国专家研究"快乐科学"，提出十个"令你快乐一点"的方法，读后觉得一无是处。

一、"跟伴侣相处"：每周抽一小时跟伴侣相处，不受干扰地静静聊天。

我说恋爱中的男女，一小时怎么够？分分秒秒都想黏在一起。到了冷淡期，分分秒秒都不要相处。不过，你的伴侣是不会放过你的。

二、"做忘我运动"：找出最令自己投入，达到忘我的活动。

我说年轻时的忘我运动，最好是做爱，老了，还那么忘我，心脏病一定突发。

三、"勿追求完美"：世事没有十全十美，坚持完美只会令自己不快乐。

我说年轻时不追求完美，怎么对得起自己？年纪大了，不必你追，也知道没完美这回事。

四、"戒孤芳自赏"：应勇于跟人打开话匣子。

我说这是天性问题。有些女人，你叫她们闭嘴，是做不到的。

五、"多体能活动"：参加业余话剧团也行，吸尘也行，让身体活动即可。

我说这又是天性，懒惰的，交给菲律宾助理；勤力的，只想制造小生命。

六、"扮笑也有益"：即使扮笑，也会令人变得心情愉快。

扮笑？我们还不是专家？天天扮笑。

七、"做自己的好友"：褪去内心的消极，逆境也要自我安慰。

我说还是抗忧郁的药物比较有效。

八、"常奖励自己"：甚至云雨一番都可以。

云雨一番？那要看是什么对象。

九、"每天都大笑"。

唉，要笑得出才行呀。

十、"助人最开心"。

至少，这一点我是同意的。

幸福

我的记忆力衰退，自己感觉得到。

其实，与其说衰退，不如说我的记性一向不好，那是天生的，无可救药。

几十年前的事，倒是记得清清楚楚，今天的一下子忘掉，戴着老花镜到处找老花镜的例子居多。

答应过的，也一下子忘记。尚好，脑后面有时浮出约束，都还能照办，只是迟早问题。不过对方要是常提起，还是有帮助的，希望我的友人不厌其烦地再次问我，应承的事绝对会做到为止。

很羡慕记性好的人，这是一种天赋，这些人做什么事都能成功，只限于他们的出身和长大后的生活环境罢了。但出人头地，是一定的。

我认识的，记忆力最好的，是查先生；倪匡兄，排第二；阿芬，排第三。

查先生的记忆力用在作品上，书籍过目不忘，资料搜索比亲身经历还要详细，加上本人的幻想力，令人叹为观止。

倪匡兄的阅读能力比写作能力强，这是他自己说的，看了那么多书，自然会写了。但也要记得才行。七十岁的人，什么事都记得清清楚楚。但这次来港，夜夜笙歌，他也要用一张日历，把约会写在上面，才能记得。

阿芬主理粥店，任何搭配，客人只要说一声，她绝对不会记错，实在了不起，粥店是她父亲传下来的，要是出生在一个搞政治的家庭，陈方安生的记忆力也比不上她。

但是，记性不佳也有好处。我家天台，一直漏水，维修过无数次，毛病依然发生，最后一次是一位亲友介绍的一个所谓专家，说绝对没问题，钱付了几十万，他老兄的工程原来是最烂，漏水把我最心爱的字画都浸坏了，气得我要杀死他，隔了几天，在停车场遇见，忘记了他是谁，还向他问好。

聪明

回到香港，习惯上把旧报纸一口气通宵刨完，是最大的乐趣。

看完头版上登的，香港人的 IQ，全球最高，为香港人感到骄傲。

IQ 这种问答题，我也试过，总是似是而非。典型的是树枝上有十只鸟儿，开了一枪，打死一只，剩下多少？

我老是回答不出，高智商者的点数在一百二十点以上，我的成绩最高还在七十以下，属于智障。

香港人真的那么聪明吗？看王晶拍的片子卖座，就不觉得。当然不是低估王晶的智慧，他能拍出迎合香港人口味的电影，IQ 已经是爆棚的。

看六合彩店外的长龙，也不觉香港人智商高。买楼花是一种赌博，输了认命，但要政府想办法，政府也拼命动脑筋，谁的 IQ 低？聪明的人，才会量入而出的。

同一天的报纸上，医生研究出有两百万港人患情绪病。情绪有病就会变成疯子。古人说"大智若愚"，也许这群痴人是聪明的吧？

但是到世界上任何一个角落，都没有香港的生活节奏那么快，不容否认。

买东西时，我们不必等个半天。从来也没听过香港店员说："你等一等，我先招呼排在你前面那位客人。"

性急的人，活在香港是一流的。

你想做一辈子 IQ 平均数都是一样的人，移民到温哥华去吧。在那儿，你会慢慢退化，聪明与否，再也不重要了，到最后，你的记忆只剩下一碗在香港吃过的云吞面。

跑步

老友菲律陈传来关于跑步的事:

有个统计,人类每跑一公里,就可以延长一分钟的寿命;这令你八十五岁时,在养老院多活五个月,每个月要付养老院五千块钱。

有一个人的祖母在她六十岁时每天跑五公里,她今年已经九十七了,但是她的子孙不知道她跑到哪里去了。

多数人在年轻做爱时听得到自己的呼吸声,感到自己的存在。当今,只有跑步才听得到。

很多人去健身房是为了跑步机,花了三千块,但一点效用也没有。因为他们花了钱之后,只去过一次。

有些人跑步,主要的目的,是要远离他们的老婆。如果不跑步,屁股就会大,但是,好在有个大肚腩把屁股遮住,让你看不到。

每一次跑步,都会令你想起死亡。为什么?报纸上曾经有张照片,拍美国总统卡特跑步时,表情痛苦得快要死掉。

打太极拳,站在一个地方,身体动,但脚不大动。跑步不同,跑步跑到四处去。但是打太极拳也好,跑步也好,最后还是要回到家听老婆的啰唆。很多人跑步，不是因为想健康，是因为被恶狗追赶；很多人跑步，不是因为想健康，是因为被税务局追赶；很多人跑步，不是因为想健康，是因为被丈母娘追赶；很多人跑步，不是因为自己想健康，是因为他们的老婆叫他们带狗出去跑步。

很多运动家研究跑步最大的好处，他们得到的答案有一个共同点，他们说跑步令你死的时候，死得很健康。

胜任

一个认识的人忽然有了新主意，说："约某某人出来吃个饭，叫他帮手！"

我在一边听得毛骨悚然。

请教于人，是好事，我并不反对。但是那轻飘飘的"约出来吃饭"，好像随传随到的口吻，恐怖得很。

非亲非故，人家为什么要让你请呢？

吃一顿饭，闲闲地花一两个小时，之前的沐浴换衣时间呢？好像人家没有饭吃，坐在家等待你这一餐。

抱着广交结缘的心理，我依然赴约。能把自己懂得的东西传授给别人，也是乐事，但是主人家迟到的经验告诉我，自己已经精疲力竭，再也没有条件做夜夜笙歌的应酬。

友人有事，当然随时拔刀相助。一般会约在办公室中商讨，等待起来，也可以传传真、写写信，做一些未完的工作。

因为要写稿，中餐则到处钻，发掘一些餐厅来介绍。所以中午这段时间我很忙，而且试菜总不能拉几个朋友到处乱走呀。

晚上则希望能看看报纸、电视新闻，租张影碟欣赏电影，然后阅读一些新书。睡几个钟头，清晨起身写稿。一去陪别人吃饭，这个生活规律受到干扰，赶起稿来，压力甚重，就写不出好东西。

其实我早上六点到十点这段时间最为空闲，什么都不想做，拔几朵白兰花放在口袋，就出去散步或逛菜市场。

"怎么老是约不到你？"友人说。

我回答："行呀，我明天早上七点钟在九龙城饮茶。"

"那么早？"朋友抱怨。

听后微笑，记得年轻时，为谈成一件事，在对方门口苦等一夜的情景。可惜当年没有狗仔队，不然一定胜任。

疏狂

亦舒看了我一本书，叫《狂又何妨》，说我这个人一点也不疏狂，竟然取了那么一个书名。

哈哈哈哈。我也不认为自己是疏狂，出了七八十本书，所有书名都与内容无关，只是用喜欢的字眼罢了。

中国诗词有一模式，也不自由奔放。到了宋朝，更引经据典，晦涩得要命。诗词应该愈简单愈好……

整首背不出来，记得一句，也是好事，丰子恺先生就爱用绝句中的七个字来作画，像"竹几一灯人做梦""几人相忆在江楼"等，只要一句，已诗意溢然。

承继丰先生的传统，我的书多用四个字为书名，像《醉乡漫步》《雾里看花》《半日闲园》等，发展下去，我可以用三个字、两个字或一个字。

有些书名，是以学篆刻时的闲章为题，《草草不工》《不过尔尔》《附庸风雅》等，也有自勉的意思。

《花开花落》这本书的书名有点忧郁，那是看到家父去世时，他的儿孙满堂有感而发。

大哥晚年爱看我的书。时常问我什么时候有新的，我拿了这本要送给他时，他已躺在病榻上，踌躇多时，还是决定不交到他手上。

暂居在这世上短短数十年，凡事不应太过执，眼见愈来愈混乱的社会，要是没有些做人的基本原则，更不知如何活下去。

家父教导的守时、重友情、做事有责任，由成长直到老去，都是我一心一意牢牢抓住的，但也不是都做得到，实行起来很辛苦，最重要的，还是要放弃以自我为中心。

艺术家可以疏狂，但疏狂总损伤到他人，这是我尽量不想做的事。

心中是那么羡慕！"疏狂"二字，多美！

即刻做

"即刻做"的道理，要懂得。

任何事，一想到，都应该马上处理，要不然，一转头，就忘记了。今天忘记，下个月记不起，明天再做吧！那么一拖，就是几十年。相信我，我是过来人，因为一生不即刻做的，太多了！连后悔也迟一点再说，才能抵消闷气。

在家中，磨磨蹭蹭，一天很快浪费掉。当今学会看到什么做什么，反正迟早要做的事，先办后办都一样。

脸上的胡须，为了懒，等一下才剃，出门时匆匆忙忙忘记了，总不雅观。走过镜子一照，就停下来刮，但是其他事又耽搁下来，也只好做一样算一样！

旅行的时间多，回到酒店，一看表，离下一个约会还有一点余暇，就利用来收拾行李，不然临行的那个晚上闹通宵不好玩。你会发现，一面看电视新闻一面收拾，也很轻松过瘾。

什么准备都做好了，钱拿了没有？手机呢？香烟抽完了吗？眼镜不带看不到东西呀！从前总是忘记一两样，当今早已放入和尚袋内，一点问题也没有。

即刻做可延伸至马上学。计算机不会用？学呀！手机的中文怎么输入？训练到纯熟为止。字写得不好看？从现在开始练书法，绝对不迟，我的字四十岁以后才脱胎换骨，从前的当今看来，像鬼画符。

这些理论也只有自己知道，告诉别人也没用。被当为老生常谈，甚无趣。

年轻人总觉得人生有大把时间花，绝对听不进去。我读书时父母也劝告过我。哈哈，那么简单、理所当然的事，我怎么不懂？

当年我什么都拖，能拖一天是一天。其他年轻人想法也和我一样吧？即刻做的事，只有传宗接代罢了。

穷开心

　　早前"领汇"邀请，到天水围的商场教儿童书法，欣然答应。

　　其实，小孩子的童体字最美，是不用教的。大人一教，就坏了。不过，为了克服他们对抓毛笔的恐惧感，不妨谈谈。

　　"请你教他们写一个字好了。"同事们说。

　　"什么字？"

　　"请写'笑'字。"

　　"小孩子谁不会笑？"我问，"只有大人笑不出。写个'乐'字吧。"

　　"千万不可。"同事们说，"当今股票大起，'乐'字很忌讳。"

　　我笑了："写个'趣'，如何？"

　　终于达到折中，就那么决定。

　　星期六下午，商场的大堂中坐满儿童和他们的父母，二楼、三楼有大人旁观。我先走近小孩子，看他们拿笔，拿得辛苦。

　　"谁那么教你们的？"我问。

　　"爸妈。"有的举手，"老师。"

　　"通通不对。"我说。

儿童做惊讶状，我继续说："喜欢怎么抓，就怎么抓，不必听他们的。"

大家高兴起来，我示范了一下，儿童纷纷学习。

望到楼上，这回针对大人了。来这里的，到底是大人多。我说："选这个'趣'字，是因为我们除了自己那份工作之外，一定要培养一些兴趣，比方写写字。有了兴趣，热心起来，深入研究，发现生命除了担忧生活外，还有很多意义。"

楼上的大人有的点头，有的看看我，像在说："穷什么开心？"

我说出他们心里的话："我父亲也穷，我们小时也过着穷的生活，但是他写写字，种种花，从池塘捡回来的小荷叶，放在茶杯里，看它长大。穷开心，总比有钱了不开心的好，大家说是不是？"

不药而愈

喉咙开始肿痛，又连续打了好几个喷嚏，已感到伤风感冒预兆。

本来，即刻吃一颗强力的伤风药便能克制。但是大意了，轻视这次的病症，只服了普通药丸，到了翌日，已发不出声音，全身肌肉酸痛，鼻子擦了又擦，擦破了皮。

糟糕！我不能病，我没时间病。

这种情形之下，也试过马上求医，西医多是开几天的药丸，有一粒治伤风，一粒治感冒，一粒化痰。一汤匙止咳的药水，倒是很甜美，恨不得整瓶干掉。

"不如打一针吧！"病人哀求，"打一针会快点好！"

医生做了一个勉为其难的表情，像救世主一样刺了你一针，你还要谢天谢地，天下哪有这么奇怪的事！

不替你打针，是因为打也一样，不打也一样，伤风感冒只能以休息医治，什么药都没有用，英国那种阴沉沉的天气之下，医生看到你来治伤风，会把你赶出去，说别浪费他的时间。

不如找中医吧！装出长者表情，年纪其实不大，那么年轻，记得那么多药吗？既来之，则安之，怎么怀疑医者之资格？中医摇头摆手，慢吞吞地开处方；草药的功能，也是慢吞吞的。当今，不即刻见效，是不能被容忍的了。

西药我会吃"必理痛"的伤风感冒丸，这个牌子的头痛丸很可靠，伤风药也应该做得好吧？但各人有各种不同的反应，对于我，起不了作用。

向来酗酒，茶又喝得浓似墨汁，烟不断，指天椒当花生吃，猪油不怕。我这种人，能对付我的伤风药只剩下美国 Vicks 厂出品的那款：日间服 Day Quil，红颜色，一次两大粒；夜间服 Ny Quil，绿颜色，也是两大粒。我称它为"深水炸弹"，美国大汉也一服即睡，昏死过去。我现在也处于这个迷幻状态，但也得起身继续写稿。

睡了又醒，醒了又睡，稿不能断，对着空白的稿纸，脑子也一片空白，还是回床躺下。

再睡一个小时吧，转了闹钟。电器的刺耳声响，半夜三点。转到四点，四点起身也来得及，又响，再睡，又响，已是六点，窗外开始变白，不能睡了。

照照镜子，那颗喉核肿得樱桃那么可爱。

仔细刮光胡子。约了客，得去开会，不能给人看到病态。

尽管没有胃口，也得猛吞食物，才有力量，这是最基本的方法。

但是，前两天才拔了大牙，口腔发肿，吃粥也觉得硬，对付不了病菌。

写了几个字，停下，干脆去看电视。咦，这部电影怎么错过了？一看不能罢休，大厅没开暖气，又打喷嚏。

寒上加寒，又去吞"深水炸弹"。

趁药性还没发作之前，再写一张稿纸，不然开天窗了。

一开始，这个毛病从哪里得来？回想一下，去了韩国，气温零下九摄氏度，没事呀！

回到香港好好的，怎会伤风？

大家都说小病是福，感冒是身体叫你休息。我才不稀罕这种运气。书至此，又有睡意。

一小时后，闹钟又响。

伤风感冒，又算什么？一直没好，是不是患了禽流感？但比起沙士（在香港和广东地区称"非典"为沙士），还是温和。

起身，披上大衣，散步到九龙城街市，遇相熟的小贩，互打招呼。见新鲜蔬菜水果，开心得发笑。一切病痛，不药而愈。

回家，这篇杂乱无章的东西，也写成了。

真正的健康

友人的妻子，是报纸上《健康与医疗》版的忠实读者。

"别再吃牛肉了，白肉总比红肉好，报纸上那么说，还是吃鸡！"老婆见到他睡醒就那么当头一棒。

"吃鸡就吃鸡吧。"他说。

"不过鱼是最健康的。"第二天，太太再来一记。

"吃鱼就吃鱼吧。"他说。

"还是蔬菜好，蔬菜是食物之中最健康的。"第三天他老婆又宣布。

"吃菜就吃菜吧。"他老早投降，他已经完全知道如果不照做，会换来每天喋喋不休的劝告，又说一切都为了你好的道理。

"报纸上说，鱼肝中有'Omega-3'，对身体有益，多吃几颗。"说完，把一大瓶药丸交在他手上。那种胶囊，有笔壳那么粗，他怀疑是不是喂畜生吃的。

"报纸上说，大蒜能够杀菌。来，早午晚各一粒。"另一瓶大胶囊又交到他手中。

"报纸上说，红酒丸比喝红酒更有效，你就别再喝酒了。"红得像血的药丸多了几瓶。

"哪里来的那么多药，去什么地方买的？"他忍不住问。

"哦。"太太不必隐瞒，"认识了一个做传销的朋友。"

"我快疯了。"这句话当然不是在他老婆面前说，只是偷偷地告诉我。

"太太的话一定要听呀！"我说。

他更愁眉苦脸，点点头。

"但是我没教你照做。"我说。

他开始有了笑容。从此，他老婆一转身，他就把所有的药丸丢掉；他老婆一出去打麻将，他就到方荣记去叫三碟肥牛打边炉。他是我友人之中，最健康的一个。

还我青春火样红

　　搬进写字楼，可以多挂几幅字画，感谢何太太送来何先生的珍藏，其中有臧克家的诗，看过一次就念念不忘。

　　数十年前，与何冠昌先生和邹文怀先生在邵氏做过同事。二位出来创办嘉禾，成绩斐然，但也劳心劳力，头发都白了。后来又有薛志雄任职，加上我，所有高层人士，皆两鬓斑斑，何冠昌先生有感而发，请臧先生写了一幅字，诗曰：

　　"自沐朝晖意蓊茏，休凭白发便呼翁；狂来欲碎玻璃镜，还我青春火样红！"

　　多么有气派的一首诗！

　　生老病死必经，年轻人不懂，引起充满活力的臧先生愤怒。我则认为每一个阶段都是好的，心中宁静，但也被此诗震撼。

　　臧先生在二〇〇四年二月五日去世，享年九十九，写这幅字时八十三岁。在一九三三年，他出版了第一本诗集《烙印》。他的学问的功力很深，毛泽东的诗词，他曾提出二十三条建议。

　　家父爱读臧先生新诗，自己也以新诗写作。我年轻时只爱旧诗，不同意家父的看法，在报纸发表文章批评，父亲还不知道这个反叛的青年在他身边。

散文也写得好，臧先生认为要写出一篇让人感动的文字来，自己一定要先感动过。又说写散文不是一件易事，要有四个条件：一、对所写人物和生活要非常熟悉；二、要有强烈的感情；三、要熟练写作技巧，语言优美，富有艺术性；四、对人物的评价要公平。

我认为臧先生的旧诗比新诗好，上述那篇《还我青春火样红》一绝，又有一首写关于散文的："灵感守株不可期，城圈自锢眼儿迷；老来意兴忽颠倒，多写散文少写诗。"

不是问题

从前常忘记这个忘记那个，很不方便。

当今我出门之前，总问我自己："有四种东西，带了没有？"

开始数：钱，有了；手提电话，有了；眼镜，有了；雪茄呢，也有了。习惯，很可怕，学到坏的，终生困扰，好的非养成不可。

我一走进酒店房间，必把开门的锁匙或卡片放在电视机上，此后不花时间就能找到，出门之前又问自己："有一种东西，带了没有？"

年纪一大，记忆力衰退是必然的事，年轻时看到长辈邵逸夫爵士，身上总有一片很精美的皮夹，插入白卡，一想起什么，即刻用笔记之，只字又小又细，但力道十足，写得把纸张也刮出深坑来。

九十多岁人了，还是没有抛弃这好习惯，当今又电子手账又手提电话记事，方便得多，年轻男女还是不肯改善记忆力，没话说。

记性差，有时是天生的，也不能太过责备自己，最糟糕的是不用功，不肯用笔记下来。

更坏的，是推三推四，明明自己忘记了还拼命解释已经打了电话给对方，对方没有复电罢了，不关我的事。

没复电？不会追吗？年轻人的缺点是叫他们做一件事，很少得到回音，要等问起才搪塞一番。我们这些老得已成精的人，怎么看不出？当面责备多了，大家伤感情，最后只有忍着不发脾气而已。

事情做错，道歉一声，不就行吗？

记性不佳，最好是想到什么即刻做。不然一转头就忘记了。再忙，也要停下一切，先办完想起的事。

但是做完这件，又忘记其他的，也是我自己犯过的大毛病。不要紧，我把我的上司一个个消灭，炒他们的鱿鱼，到现在没人管，也没压力，想忘记什么就忘记什么。如果你也能够做到这个地步，记忆力差，已不是问题。

梦想成真

荷兰是一个较文明开放的国家，娼妓的管理、大麻的问题、安乐死的对策等，都有独特的见解。

虽然不是真正立法通过，政府总是睁一只眼闭一只眼，未成文地让国民有所选择。

很多创新的理念都在阿姆斯特丹试验，最近一个是大家共享汽车。

有家叫"绿轮（Greenwheels）"的公司，实行了一种服务，那就是你一上网，可以从网页中下载一个号码，就是一枚数码钥匙了，找到了轮胎铁盘漆成绿色的车子，开走就是。

怎么收费？每个月付六美元，合四十八块港币，就能成为会员。当你需要用到车子时，上网寻找，公司就会告诉你到某某停车场去领取。用了多少时间，走了多少公里，自动记录，最后用信用卡在网上付账就是。

养一辆车总是昂贵的，以这个方法，怎么算，也是便宜，而且能够解决停泊车辆的问题。在阿姆斯特丹，要在公众停车场申请一个长期的停车位，最少得等半年，而荷兰的建筑，不是每一座屋子都有车库的。

这家公司的老板说："有了计算机科技的支持，我们的概念已经行得通，让客人方便之余，对环保也有点贡献。"

起初大家都说他在做白日梦，现在这家公司已经发展到有三百个取车点，至于有多少辆车，他们说是商业秘密。

相同的概念也在德国发展，但不是很顺利，结果公司给"绿轮"买了下来，成为一个更广大的商业网。

荷兰试验的共享脚踏车的计划失败过。政府买了几万辆，让市民免费用，但是来自欧洲各地的人并不是个个都有教养，有的用完把脚踏车扔进运河去了。希望这个共享汽车的主意能够活下去，成为一个榜样，让其他都市学习，总是一件好事。

享受孤独

出外工作，清早六点被叫醒，七点早餐，八点出发，一直做到深夜才收工。有时候会早一点，七点钟就拍摄完毕，大伙一起到外边吃晚餐，我就独自回旅店房间了。

也不是不合群，只是一班人一吃，至少又得花上两三个钟头，年轻人又不介意美国的快餐文化，我可免则免。

回到房间干什么？先烧一壶水。第一流的四季酒店，也没有开水煲。我已准备齐了，事先买了一个小型的Tefal牌子的，适宜欧洲电压和插头，一按钮，发出沙沙沙的声音，一下子把水煮沸，就可冲茶了。

出远门，箱子要大，皮箧要轻，不能买太过沉重的。日需品当然要带，但水壶不可缺少，我又带了一个三洋牌的旅行电炉，随时在房间内煮食。

因为白天拍摄的地点多是菜市场，我除了买节目中要用的食材，也选了一些新鲜的，打包自用。

刚刚生长出来的洋葱在香港罕见，像婴儿的皮肤，又滑又白，顶上葱茎是碧绿的，这种洋葱就那么生吃也不感到太辣，又爽脆又清甜，煲起汤来，更是一流。

在肉店买的火腿和香肠不易腐坏,放在冰箱里,煮起即食,来当配料,才不会味寡。

带在身边的还有一小瓶酱油和一小瓶鱼露,用这种我们熟悉的酱料来点早餐中的蛋,比撒白盐有文化得多。煮起食来更是当宝了,有时看到新鲜的蘑菇,洗个干净,水滚了就放进去,即刻熄火,让它焗熟,只要加几滴酱油,甜得不得了。

水又滚,又沏一杯浓厚的普洱茶,茶盅当然得自己携去,那么远水路,来一个民国初年的薄瓷盖碗,摩挲起来手感才好。

别人喝了浓茶睡不着,我们这种长期睡眠不足的人,照睡不误,像一个婴儿。

老（上）

生老病死是个人生必然的过程。"病"是最多人讨论的；"生"，理所当然，没什么好谈；"死"，中国人最忌讳，从来不敢去提到它；今天要聊的是"老"。

得从时间角度去看，我们十几岁时，觉得三十岁的人已经很老。到自己是三十的阶段，就说六十方老。古来稀了，还自圆其说："人老心不老。"

我们对渐进式的改变从来没感觉，一下子从儿童到中年到晚年。讥笑别人老的，自己也一定有报应。丰子恺先生在三十多岁时已写了一篇叫《渐》的文章，分析这种缓慢的变化过程，可读性极高。

为什么我们对"老"有那么大的恐惧呢？皆因那些孤苦伶仃、行动不便的人给我们的印象，以为大家老了，就会变成那个样子。

你不想老吗？商人即刻有生意可做，什么防皱膏、抗老药在市面上一大堆，还有我们的整容医生呢。但是，一切枉然，老还是要老。

应该怎么老呢？我觉得老要得得有尊严，老要老得干干净净。

不管你有钱没钱，一件衬衫总得洗净烫直。做得到的话，怎么老都可以接受的，不一定要穿什么名牌。

中国人不会，旅行时就要向外国人学习了。他们当然也有衣着褴褛的例子，但是一般注重外表。像在巴黎香榭丽舍，到了秋天，路上两排巨木的叶子变黄，一辆小雪铁龙汽车停下，是深绿色，走下一对穿咖啡色毛衣的老夫妇，在街中散步。一切金黄，和落日统一起来，有多么美妙！

在中国，香港人有必要学老，因为他们是全世界最长寿的人群之一，男人平均年龄七十九到八十岁，女人八十六七岁。

如何学老呢？从年轻开始，就要不断学习，别无他途。学识丰富了，任何一种专长都可以用来作生财工具，我们就可以不怕穷，不怕老了。

年轻人，别再打电子游戏机和听无聊的流行音乐了。不然，你就会变成你想象中的老。

老（下）

要保持年轻的体形，对上了年纪的人，根本是件难事。

"你再瘦一点才好看！"

"你的肚腩为什么不消一消？"

"你快点去把那头白发染了吧。"

干什么？

老了就老了，老人有个老人样，是个有尊严的老人相，改变来干什么？

谁没年轻过呢？翻看从前的照片，有一个大家莎士比亚所说的"消瘦又饥渴的样子"，步入中年的肥胖，是自然的。

"你没有看到某某人，六十多了，还那么健康，一点肥肉也没有，这都是他运动的关系，你整天大吃大喝，什么都不做，怪不得身材愈来愈难看！"

谁不知道运动会燃烧卡路里，但这些人一运动，便一生要做运动的奴隶，一旦停了下来，还不打回原形？

人生的每一个阶段都是美好，何必争取那不必要的假象？

要保存的，是头脑的青春。

要留下的，是童年的一份真纯。

时下的年轻人，和他们谈话，总觉得他们不停地用什么"命里没有的，莫强求""都是缘分作怪"之类的老人语。更糟糕的，是他们把这似是而非的短短几个字，用三个钟头去对你劝说。讲个半天，不过是："汝，三思而行。"

我一直当他们是长辈在教训我聆听，点头唯唯称是。

对做事的积极，我比许多人强。我不断地说："做，机会五十；不做，机会是零。"

我重复地认为和年轻人之间有了代沟：我比他们年轻，他们比我老。

活过

艺人走了，大家惋惜："那么年轻，活多几年才对呀！"

活多几年？活来干什么？等人老珠黄？待观众一个个抛弃？

只有娱乐圈中的人，才明白蜡烛要烧，点两头更明亮的道理。一刹那的光辉，总比一辈子平庸好。

人生浮沉，艺人是不能接受的，他们永远要站在高峰；要跌，只可跌死。

当事业低迷的时候，艺人恐慌，拼命挣扎。这时，好友离去，观众背叛，他们陷入精神错乱。这也是经常见到的事，因为他们不是一般的人，他们是艺人。

就算一帆风顺，艺人也要求所谓的突破，换一个新面孔出现。但大家爱的是旧时的你，喜欢新人的话，不如捧一个更年轻的。

更上一层楼，对艺人来说，极为危险，也只有剑走偏锋，才有蝶变。突破需要很强的文化背景，可惜一般艺人读书不多，听身边的猪朋狗友的话，一个个像苍蝇跌下。

曾经有人对艺人做了一个结论：天才，一定要有，但是运气，还是成功最重要的。

艺人以为神一直保佑着他们。失败是一种考验？他们的宗教之中，不允许有人对他们有任何的怀疑。

明明知道是错的，可是没有人能阻止他们。艺人像瀑布，不停冲下，无休无止，一直唱着《我行我素》之歌。

艺人并不需要同情，他们祈求的是你的爱戴。劝他们保护健康，是多余的。

像一个战士，最光荣的莫过于死于沙场。站在舞台上，听大家的喝彩，那区区的绝症，算得了什么？

燎原巨火，燃烧吧，只要能点亮你的心，艺人说："我已活过。"

笑看往生

《香港剩女飙升，三个女人一个独身》。

报纸上的大标题。

这我一点兴趣也没有，不嫁嘛，又不会死人。

会死人的，是接着报告的香港人口持续老化。六十五岁以上港人，将由二〇〇九年约百分之十三，增至二〇三九年的百分之二十八。四分之一以上的人口是老人。

死亡人数按比例，会增加到每年八万零七百个。

那么多人离去，不关你事吗？那是迟早的问题，我们总得走。但是怎么一个走法？没有人敢去提起。中国人，对死的禁忌，是根深蒂固的。

避些什么呢？反正要来，总得准备一下吧，尤其是我们这群被青年人认为是七老八十的，虽然，我们的心境还是比他们年轻。

勇敢面对吧。死，也要死得有尊严；死，也要死得美丽。

轮到你决定吗？有人问。

的确如此，但是，凡事都有计划，现在开始讨论，也是乐事。

首先，对"死"下一个定义：死不是人生的终结，是生涯的一个完成。

我们在落幕前要怎么向大家鞠个躬退去呢？最好是照着自己的意思去做，需要一点知识和准备。

最有勇气的死，就是视死如归，说到这个"归"字，当然是回到家里去死才安乐。

但事不如愿，根据一项调查，最后因病死在医院里的人还是占大多数。

为什么要在医院？当然想延长寿命呀。但是已到了尾声，延来管个屁！决定自己什么时候走，不是更好吗？

家人一定反对，反对个鸟！不说粗口都不行，我的命不是你的命，你们有什么权利来反对？

友人牟敦沛说过："我一生做的最后悔的事，就是反对医生替我爸爸终结生命。"

这句话，家人一定要深深反省。

尤其是对患了末期癌症的人，受那不堪的痛苦折磨，家人还不许医生打麻醉针，说什么会中毒，反正要死了，还怕什么中不中毒？

如果你问十个人，相信有九个是不想在医院死的，但他们还留在医院，可能也顾虑到家人的感受，不想给大家增加麻烦，而绝对不是自己所要的。

我劝这种人不必想太多，要在家里终老就在家里终老，反正这个家是你的家，你想怎么样做，也没人可以反对，而且可以省掉他们整天跑到医院来看你。

虽然说医院有种种设施，但那是救命用的，你不想救，最新最贵的仪器又有什么用？

在家静养，请个护士，所花的钱也不会比住病房贵呀。找个相熟的医生，请他替你开止痛药、医疗麻醉品等，教教家人怎么定时服食和打针，也不是什么难事。

但是孤单老人又怎么办？有一条件，就是得花钱。反正是带不走的，这个时候不花，等什么时候花？护士还是要请的，这笔钱，要在能赚时存下来，所以说死，也得准备，千万不能等。

香港人多数有点储蓄，买些保险留给后人，大家想起老人早走，可以省下一点，也就让你花吧。

在痛苦时，最好能以吗啡镇静。从前，吗啡被认为是怪兽，说什么服了会精神错乱，愈吃愈无助，最后变成不可控制的凶手。

但这都是早期医生的临床试验不够，恐怕有副作用，没有必要时不打针。当今事实已证明，药下得恰当，根本就比吸毒者自己乱服安全得多。

有些人讨厌打针或喝药，也有膏贴的吗啡剂可用，总之不会是愈用愈没劲，不必担心。

我最喜欢看的一部电影，叫《老豆坚过美利坚》（*The Barbarian Invasions*），名字译得极坏，其实是一部怎么面对死亡的片子，得过最佳外国影片金像奖，讲的是一个老头儿得了癌症，离开他多年的儿子来看他，一看父亲被一群老朋友围着谈笑风生，又拼命吃护士的豆腐。

儿子问老子能做些什么，老子说最好替他找些违禁品来服服，儿子被吓呆了，后来才发现父亲的乐天个性，并了解人生最终的路途，完成了父亲的愿望。

这些被一般人认为最野蛮的思想，是最先进开明的，片子的原名叫《野蛮人的侵略》，其实就是这群快乐的人。

最坏的打算，已安排好。万一侥幸能够活到油枯灯灭，那就最为幸福，我母亲就是那样走的。也许，可以像弘一法师一样，回到寺庙，逐渐断食，走前写了"悲欢交集"四字后，一笑归西。

葬礼可以免了，让人一起悲哀，何必呢? 死人脸更别化妆给人看，那些钱，死前花吧。开一个大派对，请大家吃一顿好的，有什么好话当面听听，才是过瘾。派对完毕，就跟着谢幕好了。

骨灰撒在维多利亚海港，每晚看到灿烂的夜景，更是妙不可言，你说是吗?

第二章

当一个美女，需要时间的浸淫

单身女郎

你说："我是一个三十多岁的单身女郎，我并非独身主义者，只是未遇到适合的对象。我觉得自己很正常，没有俗人的老姑婆脾气或怪行为。每次听到称呼过了适婚年龄的女性'老处女'，就觉得是一种侮辱。为什么男人迟婚理所当然，女人迟婚就受到闲言闲语？希望你能讲讲这问题，也希望大家不要侮辱我们。"

首先，要是你在乎"俗人"讲的，那么你自己也就是一个所谓的"俗人"，无药可救。

思想上的自由，就是人生的自由，不管你是未婚、已婚或迟婚。我行我素，又不妨碍到他人的行动或思想。你是否单身，并不重要。哈哈，我变成什么南宫夫人了，又像跷起脚来收取五毛钱心理诊断费的《花生漫画》中的露茜。

结婚或单身，只是一个概念的问题。相信许多已婚者没有遵守过诺言，那和未婚有什么分别？结了婚，并不表示他们有何特权。

我在外国遇见许多单身女郎，都超过所谓的适婚年龄，她们的社会已多见不怪，大家各自顾自己的事，所以没有人去讲她们是什么老处女、老姑婆。

有时候，一些没有麻烦的来往，一点健康的异性性行为，不应受到传统的道德观所限制，也不用有什么所谓良心责备。只要不陷入不能自拔的幻想恋爱中，性爱在现代，也常是互相认识的开始。

我想，单身女郎和孤独男性都是很正常的。是不是你们对自己产生了疑问？心中想结婚，这也正常，正如许多已婚的人想变成未婚，没有孩子的人想生，有几个的人后悔，这都是对自己得不到的东西的好奇心。

心中的疑难，自己去求答案。想通了，我是我，管什么他人的娘亲！

数美女

谈美女，必得有一守则，那就是：漂亮的女人不会老。你要是太过有逻辑，那么，便没有资格谈美女了。

天下美女如云，但不是个个都被大家熟悉，何况有句老话叫"情人眼中出西施"。讲你我的爱人，不能算数，还是谈谈每个人都认识的明星。

人总有个性，个性可以造成不同的印象，虽然银幕中的角色由剧本塑造，但是个性是掩饰不来的，美女始终是美女，却可以分类。

大致上，我先分两派：正正经经的有胡蝶、龚秋霞、陈燕燕、白燕、尤敏、夏梦等，较为邪派的是李香兰、欧阳莎菲、白光等。

其实白光应该归纳到懒洋洋一派的美女中去。其中当然包括了刘琦、叶枫、李香君和台湾出的夏凡、李湘等人，她们把香烟含在嘴角，皱一皱眉头，天塌下来当被盖，只面向你一笑，已风骚入骨。

风骚得出面的是李湄、张仲文、胡锦……至于更次级的那几个，名字不提也罢，只能算是傻子。

绝对要提防的是自命哀怜的美女，她们认为什么都不对，天下人都在欺负她们。爱也不是，骂也不是。总之，你对不起我，我死给你看！

这一群人名字叫阮玲玉、乐蒂、杜鹃、李婷、白小曼和翁美玲，你了解我说些什么。

中性一点的美女有林翠、凌波、郑佩佩等人，任剑辉则绝对称不上是美女。

调皮捣蛋的美女以年轻的甄珍、张艾嘉为代表。

至于本来很好看，但整容整得不像样子的有唐宝云、贝蒂、艾黎和上官灵凤。

谈到上官，必须提一提徐枫，她在《侠女》中，简直冷艳得惊人。

混血儿多美人，但并不被东方影迷接受。有两个例外，前者是关南施，后者是胡燕妮。

重提正派美人，在前辈中有袁志云、王丹凤、陈云裳、周曼华、周璇等人。到中期，更有陈思思、石慧、石瑛、韩瑛、江雪；再后一点的赵心妍，大家可能记不起她，但的确很美，是属于当今的陈秀雯那一类型的。

有些美人是要经过香港的洗礼才磨亮的，像何莉莉，起初由台湾来的时候样子普通，后来越来越美，犹如钻石般闪亮。

翁倩玉个子太小，年轻时也不好看，成长后很美，能歌善舞，更能引人入胜。歌唱得好的美女是汤兰花。虽说是山地姑娘出身，如此美女，管它山地不山地。还有另一位山地人是张美瑶，和名字一样美。

从小就美的当然是冯宝宝，别忘记了萧芳芳。粤语片时代的陈宝珠，影迷之多也吓死人。白雪仙很美，罗艳卿也有人喜欢。

李丽华我始终不能说是美的，但是她拥有各种面孔，戏路之广也是明星中少见。演技派里平凡中见美貌的是归亚蕾和卢燕，至今还有高贵的气质。

别小看走性感路线的于倩，她当年一头长发，皮肤洁白，是美女一名。

另一位陆小芬，也是大美人，真人比上镜好看得多，她谈吐风趣，更增加魅力。汪萍也是美女。

台湾美人还有学院派的胡茵梦，她近来深究玄学，人也变得玄得不得了。

已经息影的林凤娇，是影坛的损失，她肯再站出来，有许多人要站到一边去。

当今代表性的美女是：林青霞、钟楚红、巩俐。

林青霞的美分几个阶段，比如拍《窗外》《爱杀》《东方不败》时，她将一直美下去。

钟楚红半退休状态，她要是复出，又会更上一层楼。

巩俐还只是冰山一角，怎么发展是大家期待的。

我们不能不提关之琳是美的、王祖贤是美的、刘嘉玲是美的、温碧霞是美的、张敏是美的。利智起初不被看好，后来也成为众人心目中的美女。

有个性的叶童、夏文汐、顾美华都很漂亮，起初也许不能说有艳丽的感觉，但都很耐看。吴家丽的味道，更由影片和硬照中喷了出来。

港姐中朱玲玲、李美凤、李嘉欣是佼佼者。

张天爱只演过一部戏，但印象犹新。

自古以来，美人和长发是相连的，微风掀起，似乎感觉到吹拂在你脸上。美女长发一剪，就变成邻居顽童，连林青霞在《梦中人》中也不能幸免。陈法蓉不算丑，但那头短发，实在不敢恭维。

重复一句，美女是不老的。明星更是幸福，因为她们的倩影永远地留在菲林上，重现于银幕或荧光屏中，我们的后辈，将对她们惊艳。一代又一代，无休止地崇拜与仰慕。服装发式的造型，又成为时尚，就像我们在深夜的粤语残片中，看到白燕的旗袍是那么的性感。

　　影视界中的美女数之不尽，恕我不能一一举出，有遗漏的，敬请原谅：只要你们自己认为自己是美女，就是美女。我提不提，已经不要紧了。

长发

长头发的女人，实在好看。

面容如何，先不去谈它，长发女子不但使男人一见钟情，点点滴滴加起来的一种美态，令人沉迷，不能自拔。

第一个动作，她会把头发勾在一只耳朵的后面。真是奇怪，一边露耳，一边发遮，才能成形。女人两边耳朵都张开来招摇过市，就俗气熏天，无可救药。

第二个动作，头发被风吹乱，把头大力一摆，即刻整齐。

第三个动作是加强第二个动作的，干脆把头垂下，让头发完全散开，再仰首，令头发飘在肩上。女人在梳完头后也常做这动作，使其生动自然。

谈到梳头，长发女郎会抓着自己的头发，左边梳梳，右边梳梳，很少兜头由前额梳上到后面去的。

将长发结成马尾时，双手忙碌，把发夹或胶皮圈咬在嘴上的动作，煞是美妙，这时她的胸部必然挺起，双臂露出，更显得是百分百的女人。

至于长发女人在洗头时的各种美态，更是不能一一形容。以毛巾揉干头发，已是天下最性感的一回事。

冷气汽车的发明，对长发来讲，是一大罪过。当年开着玻璃窗，强风吹来，少女长发扑面，微微的刺痛，加上一阵阵的清香，让人随时可以死在她怀抱的感觉，已不再。

更大的罪过是《罗马假日》中的夏萍（奥黛丽·赫本），自从她的出现，世上少了多少个长发女郎！

现在在银幕上和电视机里，男人状的短发女子居多，这也许是想学做女强人的低能办法之一吧。

《霸王妖姬》这个《圣经》故事里，森逊（参孙）的长发被剪去，变得软弱，这算不了什么。女人剪短了头发，失去了魅力，较之森逊，悲哀得多。

当今好不容易发现一个长发披肩的背影，一转头，是男人。

唉！

掩嘴

和一群少女一起玩，发现她们有一个共同点，那就是喜欢掩嘴而笑。

与美丑高矮绝对没有关系，害羞或否也谈不上。聪明或笨，总之，一律做这个动作，没有例外。

好看的，掩起嘴来掩不住她们的娇柔；难看的，愈掩愈显丑态，属于丑人多作怪，令人作呕。

掩嘴而笑，到底是很小家子的举动，但自己女儿做起来，当然欣赏。所以这个动作只是留着给亲人，留着给你女朋友，其他人一做，惨不忍睹，简直像《雪姑七友》（《雪姑七友》此处指《白雪公主和七个小矮人》）中的老巫婆那么恐怖。

不知什么时候开始，女的渐渐不掩嘴了。是出来社会做事那个阶段吧，办公室中有什么人说一个笑话，反应只是笑得大声或小声。

但是，这群女子，到卡拉 OK 时，或陪男友吃饭，遇到滑稽事时，照样掩嘴。

步入中年，这个动作完全地消失，掩嘴而笑只是用来嘲弄对方。

这时候，可能说别人的坏话说得多了，声线也变粗，笑起来咔咔咔咔，像乌鸦多过像人在笑。

也难怪，不插花，不缝针线，不做陶瓷，不读书，一味到美容院和发型师打情骂俏，做做污泥面膜、全身按摩，然后群聚在一起，喝个下午茶，八这八那。

之后，回家去把老公当成小孩指导，将儿女当成大人说礼教。

说完之后，又去烦菲律宾家政助理。

最后，大家都散了，剩下女人一个看电视。看到《超级无敌奖门人》节目，见嘉宾互喂山葵，大笑三声，情不自禁地掩起嘴来，这时她骂自己："掩什么嘴？又没有人看到，神经病！"

厚唇

从来不觉得安吉丽娜·朱莉漂亮，美国人却为伊疯狂，主要是因为她有两片厚得不能再厚的嘴唇。

当今美国男人最崇拜的不是丰乳，而是厚唇。把唇打肿，是整容医生最大的收入之一。朱莉的唇，除了厚，下唇还丰满得挤出一条直线，像胸线一样。

这一两年是朱莉的天下，电影像洪水般涌出。《盗墓者罗拉》中她没有穿什么暴露戏服，但那两盏"车头灯"大得像快掉出来，观众以为她的身材一定好得不得了。

但是在《原罪》那部电影中她有很多裸露的镜头，胸部并不诱人，像两团赘肉。镜头只拼命拍她嘴唇的特写，看起来有点像科幻片中的怪兽。

这对朱莉很不公平，她遗传着名演员尊·威特（Jon Voight）的血液，又到演技派的学院 Lee Strasberg 学过，很年轻时演过一部叫《黑客》的电影，我们就感觉到她虽然丑，但很野，又很有个性。到了二○○○年的《移魂女郎》里，她的演技盖过女主角，得到当年的奥斯卡最佳女配角奖。除了厚唇，演技还是被肯定的。

《骨中罪》还有机会让她发挥，但其他片子太重商业味，《极速60秒》拍的尽是些跑车，《空中塞车》拍的尽是些飞机。为了出镜，她不太会选剧本。

朱莉演过的还有《无影终结者》（1993）、《摩哈维的月亮》（1996）、《乔治·华莱士》（1997）、《洛城疑云》（1997）、《地狱兄弟》（1998）、《霓裳情挑》（1998）、《随心所欲》（1998），如果你记得的话。

数十年后，有人提到朱莉，还只是厚唇，唉！

小蛮腰

看女人，先看哪里？当然是腰。

女人的腰部，是她全身最美丽的地方。

脸上的美丽，因日久生情或生厌，已不重要。胸部嘛，能够打针，谁知真假？

只有腰，骗不了人。

腰，增之一分则太粗，减之一分则太细。腰太粗的女人，样子像个火柴盒，前面后面多了三块肉团罢了；腰太细的女人，像要随时折断，病态十足，引不起男人的兴致。

多数女人的腰，毛病出在太长，腰一长，腿即短。也有高腰腿长的例子，但为数极少，如果发现了一个，已是奇珍异兽，必视为宝贝不可。

古人常以蛇一般的腰来形容，到底喜欢蛇的人并不多，是极不恰当的。小蛮腰倒是一绝。蛮，生番也。生番好动，言下之意，令人想入非非。

西方女人的服装，自古以来都注重腰部。《乱世佳人》里黑人女佣为主角拼命缠腰的画面，印象犹新。我们的旗袍也不逊色，虽包得紧紧，也一望无遗。

发明比基尼的人，绝顶聪明，他突出了女人最应该被欣赏的部位，怎么不给他一个诺贝尔奖？

埃及的肚皮舞，哪里是看舞娘的肚皮？当然是看腰。

腰部能那么千变万化地剧烈运动，看得令人眼花缭乱，叹为观止。

夏威夷的草裙舞也特别诱人，以慢步开始，随着缠绵的音乐扭呀扭。节奏快了起来，不停地冲撞，到了高潮，忽然，一发停顿，是很高的境界。

韩国的打鼓舞，舞娘裙子极大，又穿得密密实实，哪里看得到腰？但是打鼓舞的精华也在舞娘把腰折断似的向后弯曲，敲打她背后的大鼓，没有特异的腰力，岂能做到？实在妙不可言。

到底最优秀的是芭蕾舞，印象深刻的是看俄罗斯的乌兰诺娃跳《天鹅湖》，五六十岁的老太婆，腰还是那么细，远看之下，像位十七八的小姑娘。

是的，腰要不断地运动，才能保持纤细。一个女人细腰的年数并不很长，十五到二十五这十年罢了。尤其一生小孩，即刻变粗。最佩服一些外国影星，儿女成群还能穿比基尼示众。这一点，东方女子比较差劲。

当然摄影技术能够帮助许多，名摄影家时常教女子用手臂遮住腰部，要不然就以反差较强的灯光去消除她们一半的腰。到底，腰是最难藏拙的。

腰的一部分，叫肚脐。这个名称实在太过人体解剖化。肚脐，多难听！

肚脐应该叫作腰眼，它是整个腰的面目。每一个女人的腰眼乍看之下没有什么分别。但是仔细观察，的确像眼睛，人人不同，有些很美，但是大美人王菲的腰眼就不敢领教。

与腰有重要关联的是小腹。十个女人有九个的小腹是微微地鼓了出来的。平坦的小腹和腰一样，也是女人最美的地方之一。小腹是可以锻炼的，经适当的运动，过程并不难，但大多数女人不肯下功夫，只是在照片中以呼吸来收缩，这种状态维持不久，一放松即刻像怀孕四个月。女人通常在不注意时露出丑态，池边坐下，腰和小腹之间出现一道很深的黑线，像要把两者斩开。

小腹之下，便是腿了。奇怪的结论，腰细的女人，多数小腿修长，少有例外。一般人的印象，腰是在人体的中间，把头、胸分到上层，小腹、屁股和腿装在下面。要是一个女人长得这般上下分明，形态一定丑死人了。头、胸应该只占身体的三分之一，腰以下，是三分之二，才合最基本的标准，任何多过或少过这个比例的胴体，都不能算是出色的。

还是怀念从前的日子，我们在开聚会或上夜总会跳舞时，接触女性的第一个部位，除了手之外便是腰了。探戈、华尔兹、狐步，男人的手托着对方的腰，带领她们向某一个方位旋转，女人穿着什么衣服，都能感觉到腰的粗细。可怜的的士高（disco 音乐），什么地方都没碰过。

老是谈腰，怎么不聊聊女人的臀部？比起腰，屁股当然是次要，谁喜欢腰粗的女人？臀的大小，则各有所好，有的人偏爱大屁股，他们说从后面看去，圆滚滚的实在诱人。但是腰不细，怎么显得出屁股大呢？喜欢小屁股的又说干腰何事？唉！道理简单得不能再简单，小屁股的女人，腰应该更小。否则整个身子直不隆通，又如何谈得上美感？而且，屁股大小的嗜好，常因男人本身之伟大或渺小而造成，与美感无关。

一位友人也常欣赏女人的腰部，把许多外国杂志上的图片拿来和太太研究。

"唉，你看，这些女子的身材多么漂亮，乳房、腰和屁股，长得那么相称,应该大的地方大,应该小的地方小。每一个部分都不长在一起。"他感叹。

太太听完之后懒洋洋地反问:"当然每一个部位都不长在一起,你看过乳房、腰和屁股长在一起的女人?"

"看过,你就是。"友人心中说。

但还是欲语还休,以静默收场。

年龄

在网上看到一则关于年龄的趣事，试译如下：

在我们生命中，唯一觉得老是一种乐趣的，只有我们当儿童的时候吗？

"你多少岁了？"人家问道。

"我四岁半。"

当你三十六岁时，你绝对不会回答："我三十六岁半。"

四岁半的人长大了一点，给人一问，即刻回答："我十六岁了！"

也许，那时候，你只有十三。

到了二十一岁那天，你伸直了手，握着拳，学足球员把拳缩回来，大叫："Yes! 我已经二十一岁了！"

恭喜你，转眼间，你已三十，再也不好玩了！天哪，那么快！一下子变四十，怎么办？怎么挽留也没用，你不止变四十，五十也即刻来到。这时候你的思想已经改变："我会活到六十吗？"

你从"已经"二十一，"转为"三十，"快要"四十，"即将"五十，到"希望"活到六十，"终于"七十。最后，你问自己"会不会"

有八十的寿命。很幸运，你九十岁了，你会说："我快要九十一了！"

这时候，有一件很奇怪的事发生。人家问起："你多少岁了？"

你返老还童地回答："我一百岁半。"

快乐的人把岁数、体重、腰围等数字从窗口扔了出去。让医生去担心那些数字吧！你付他钱，医生要处理的，我们别管那么多。

生命并非以你活多少岁来计算，是以你活得有没有意义来衡量。打麻将去吧！如果你没有什么嗜好。至少你不会患上老年痴呆症。

每一天都问自己：活得好吗？散散步，看看花，是免费的。

吃相

活了一把年纪，依经验的累积，学会了看相。

面相也许看不准，但是吃相却逃不过照妖镜，从吃一顿饭，便能观察对方是怎么样的一种人。

吃西餐时不会用刀叉，大出洋相的，并非没有教养，不习惯而已。印度少女用手抓食物进口，也煞是好看，这是她们的风俗，我们把话题集中在吃中餐吧。

大伙儿一齐吃饭，自己先夹鸡腿，是不应该的，父母那么教导。但是当今鸡肉已不值钱，整碟上桌，没人去碰它。但是不吃不要紧，如果拿筷子去拨弄一番，最后又不吃的人，好不到哪里去。

先吃最好的部分，现在只能用螃蟹来做例子，来一盘花蟹，大大咧咧地先将蟹钳吃了，而不留给朋友享用，这种女子，多数是非常自私的。

面前碟子夹了一大堆食物，而不去动的女人，是个贪心的女人，损人而不利己的女人。

畅怀大嚼，吃得满嘴是油的女子，属于豁达型的。她们很豪放，又来得个性感。

东不吃西不吃的，显然对自己的身体一点信心也没有。这种女人，腌尖（粤语，"挑剔、要求高"）声闷，绝非理想对象，避之大吉。

为双亲健康许愿，不吃牛肉的，将会是终身良伴。

温柔

香港电台的理想女性报告，三十项理想女性的特质之中，选出最重要的十项。结果显示，首三项是积极乐观、有自信、爱心，但漂亮及身材均不入十大。

这代表什么？代表了香港女人没有"性"。怪不得在另一个调查中指出，香港男人和女人做爱次数全球最低。而生儿女的数目，是千真万确的少。不喜漂亮和身材，怎引起兴趣？

再下来的七项是聪明、大方、有学识、独立自主、细心、干净整洁，最后才排列温柔。

温柔和性也有很大的关系。数十年前，台湾女子最解温柔，丈夫到台湾工作，常被当地女人吸引，流连不返。

当今，变成上海了。

是的，积极乐观是好的。但香港女人积极乐观吗？倒不见得。怨妇居多。

为何变成怨妇？女强人认为同事是小男人，看不上，嫁不出去。

嫁得出去了，头两年的性生活还好，再下来就没什么乐趣可言，丈夫不去碰她们，不成怨妇也难。

有自信也不错，但这种东西会爆棚的，过度了就变成另类女人，你会喜欢吗？

爱心固有，抱抱宠物罢了。也并不觉很多女人当义工。

香港也有温柔的女人，她们多数是头脑少了一条筋，一条烦恼的筋。

这种女人，嘻嘻哈哈，懒懒惰惰，随时和你来一下，迷死人。

有人质问："唔温柔系咪就唔系女人先？"（粤语，"是不是不温柔就不是女人？"）

有两团东西，又有聚宝盆，当然是女人，但是从前的台湾女人，当今的上海女人，比较好，但也有例外。

骂女人，一定要说也有例外，大家都当自己是例外，就不会围剿你。

女人手袋

女人提着手袋，不但方便，而且是个身份象征，所以名牌厂赚个满钵。

可怜的是这个手袋，上餐厅时不知放在哪里，甚碍手碍脚，一个时期，还发明了一个铁钩，让女士们挂在桌边。

但是女人生性贪心，手袋中东西愈装愈多，铁钩不够力，也就扯直了，皮包吧嗒一声掉下。有时又给侍者撞一下，掉下去时像天女散花，口红、粉盒、香水、卫生巾、避孕丸跌得满地通红。

所以，女人便把手袋放在身体和椅背之间，吃那顿饭，是多么不舒服的一件事！

既然同样不舒服，就来一个背包吧，一方面又可以返老还童地重做学生，一方面又可以模仿日本女子的和服。当年还笑她们挂一个包袱呢，现在跟着，有什么话说？

"你们找手袋中的东西，"我常问她们，"是用眼睛看的，还是用手摸的？"

如果答案是前者，那么这个女人是理智型的，很冷静地做人；要是用手摸，则多数是感情用事。这个推测很少出错，你们自己分析自己的性格，就知道我的观察差不了多远。

手袋中有些食物的女子，是热爱生命的，她们爱吃东西，又没有时间进食，更是任性地想吃就吃，非常可爱。

女人拿皮包，要不就是大的，愈大愈大方；要不就是最小的，小得像个绣花荷包也很文雅。中中间间，不大不小的，代表这个女人的个性纠缠不清，受不了。

很想看看女人的手袋中装了什么东西，但这是隐私，绝对不能冒犯。女人也应该尊重这个游戏规则，就算几十年夫妇，也不该偷看。

"非看不可！"女人宣布。男人如果无奈，这时候，他已不是一个人。他变成了女人的手袋。

女性"生发水"

一种米养百种人，一百个女人之中，个性没有一个相似，身材也各不一：胸部有大如沙田柚的，也有小如茶杯盖子的，但她们都有共同点，就是都爱戴胸罩。

在二十世纪六十年代，女权运动者烧胸罩抗议，制造商有过一个大危机之外，这门生意一直兴隆，由十几块钱到数千元一个，盈利额上亿。

尽管女人大喊自由平等，总敌不过时间和地心吸力，烧完再去买一个。

和女人做爱，第二类最刺激的过程莫过于脱对方的胸罩，越急越糟糕，绝对解不开铁扣，终于以整个拉下来收场。至于第一类最刺激的，不用画公仔画出肠（粤语俚语，"不用表达得这么明显"）吧。

铁扣是在背后的，年轻男人绝对想不透那么复杂的手势是怎么做出来的。女人要反手伸到后面，一个扣、两个扣、三个扣，看也看不见，怎能扣得准？

啊哈，原来女人是简单地把胸罩有扣的一面放胸前，眼看着扣好之后，再180度旋转到背后的。笨蛋！

有些时候，拼命地去搜索她们背后的扣子，一摸之下，咦，怎么光溜溜的，一个扣子也没有？再考察胸前，也不知铁扣在何处。这时的愕然表情一定很可爱，女人即刻笑嘻嘻地叫了一声"傻瓜"之后，用手指按着胸前秘密格子，一个四方形的塑胶小块，咔嚓一声，胸罩便在你面前左右打开。年轻男子，惊叹发明者的智慧，简直是可以得到诺贝尔奖嘛。

女人爱胸罩的另一个原因，是可以名副其实地"装胸作势"。胸罩设计人第一个想到的是怎么将胸部托起来，故此产生了又窄又小的道具，平胸女子可以不必夹着双臂挤出来，由胸罩代劳好了。

当乳胶不是很流行的时候，女人跑进洗手间，拉了大半卷厕纸往胸罩中塞，是个普遍的现象。和对方接吻之后，来不及将纸头拉出来，男人一摸，大吓一跳，窸窸窣窣的，是什么东西？

从此又产生了吹气的胸罩，在左右杯上各有一根像喝可乐的吸管，一吹就膨胀，至今还没有遇到戴此类胸罩的女人，只是在世界版新闻图片中看过。大概是经常一边漏气之故，此种设计未曾风靡。

后来干脆把乳胶缝进胸罩中，戴起来，平坦见骨的胸前，忽然肿出两团东西。样子是不好看，但是睡在上面倒是挺舒服的，像两个小枕头。

乳胶胸罩的另一个弊病在于它的气味，南洋天热，人多汗，吻到她们胸前，这一股味道是从哪里来的？附近又没有橡胶园。

初成长少女，不知如何买胸罩，都是由母亲代办，她当然替女儿选一个又大又厚又老土的，样子像两块手帕绑在一起，真是滑稽。但是别轻视这两条手帕，美国的胸罩公司就在一九一三年靠这个简易的主意起家，成为一个数百亿的胸罩王国。

随着时代的进步，当今女性杂志上看到的图片，胸罩的款式千变万化：直带的、交叉带的、无带的、全杯型、半杯型、全杯而上半杯是透明绣纱型，等等等等。走在科技尖端的是由电脑设计的，密度天衣无缝。

花了那么多钱弄来一个，穿在里面，欣赏者寥寥可数，有些例子更是全无。女人勇敢地把胸罩当外衣，但是至今看到的外罩时装，没有一个好看，尤其是麦当娜那两个尖铜半圆形的，和她拥抱，不给她刺得流血才怪。

最性感的胸罩应该是那个穿起像没戴的吧。

有个导演拍戏用了一个胸前伟大的女演员，但怎么拍，看起来还是硬邦邦的。我向他说不如叫她不戴胸罩吧。导演解释那个女演员不肯，若没胸罩，那对东西坠落及腰。我指出有种叫 No Bra Bra 的，以一层薄纱包裹，再用细带吊起，绝对自然。这个三十几岁的导演竟然不知道有此物存在。告诉女演员，她也不懂，真可怜。

百货公司里，除了 No Bra Bra，还有只是两片贴胶，由下面硬托起来的商品出售。女人没有刺激，乳蒂挺不起来，商人又发明两个假乳蒂，像给小孩子喂奶的那种，给女人粘着。

穿低胸晚礼服，便得戴没有吊带的胸罩了。

这种胸罩戴起来最辛苦，太松了便会掉下，太紧的话，变成"飞机场"。就算是刚刚适合的，穿久了也入肉，留下深深的红色印痕。

年轻男人拼命研究如何将构造复杂的胸罩解下来。年纪一大，才学会游戏，当你伸手到她们的背部，女人以为你要解开她们扣子的一刹那，忽然，用力一拉，把她们的胸罩带子当弹簧，即刻放手。噼啪！一个大响，弹得她们直呼痛，才是最好玩的。

这时女人要骂，粤语"死鬼"、台湾话"讨厌"、韩语"Apo

Yobo"；日本人词汇较贫乏，只会说"你 Anata"；鬼婆子粗鲁，来一句"You son of a bitch"，但都是可爱到极点。

胸罩万岁，将永远与历史共存。女人对它的追求和男人追求生发水是一样的。越来越觉得应该去做胸罩的生意。

减肥特效方

在香港的报纸和杂志上看到的广告，最多是什么？答案很明显：减肥丸。

什么样子都出齐了：最红的女演员，过气小明星，结过婚生过娃的配角师奶，等等等等。大家都不在演技上用功，希望以六七位数字，一次过捞一笔广告费。

付出的代价是先给人家拍一幅有肚腩的丑态，然后做地狱式的运动，侧侧身把一张已经消瘦、腰身变细的照片，作为减肥前、减肥后的证据，和演马骝（粤语，"猴子"）戏没有分别。

消费已减弱，大家可省即省，为什么那么多女人肯花钱买药？是有它的市场的，不然商人不会在这方面动脑筋。

研究起来，是怎样的一群人买的呢？单身女子呀！只有她们还存了一点钱，家里不用她们负担费用，父母兄弟又给她们零用。

拼命打扮，目的是什么？想嫁人。

当今的香港女子，躲在家里看《欲望都市》，但又不敢搞一夜情。甚至拍拖多次，不给就不给，说什么先要有爱，性事绝迹。没地方发泄，连买振动器的勇气也没有，所以构成性的沮丧。

而一沮丧，就吃东西，吃东西，肥了，道理就是这么简单。

做运动呀！室内跑步场的生意滔滔，但是南方女子生性懒惰，买了套票，去过一两次却作罢，彻底失败。

又不花力气又得到效果，最好是什么？还不是减肥丸吗？谁说香港购买力减弱？再穷，减肥丸照买。

别再吃药了，多做几回"运动"吧。出一身汗，比什么药都好。

整容的故事

一个中年女人决定去整容。手术完毕，她付了医生六万块，心有不甘。所以回家路上她买了一份报纸，问报贩说："你猜猜看我有多少岁？"

"三十出头吧。"报贩说。

"我四十七了。"那女人高兴得要死。

觉得有点饿，吃什么呢？举头一看，有间麦当劳，就去排队买鱼柳包。

"你猜猜看我有多少岁？"她又忍不住问收银的女子。

"不到三十吧？"她回答。

"我四十七了。"那女人开心得差点虚脱，放下了一张一百块，但收银的女子说麦当劳是不收小费的。

经过花档，没有人送，自己买一束奖赏。

再确定一下也好。想完问卖花的太太："你猜猜看我有多少岁？"

"三十，"她回答，"不多不少。"

那女人满意，走出花档。在等的士的时候，她发现身边站着一位老绅士，衣着光鲜，给人一种稳重的好感，认为一定是世面见得多、非常有经验的人，问问他也好。

"我已经八十几岁，眼睛不行了。"老绅士说，"不过当我年轻时，我有一种方法，绝对猜得出女人正确的岁数。"

"真的？"女人问，"你说出来听听。"

老绅士说："不过说出来你别生气，我也没有意思冒犯你。女人的身体经过我一摸，即刻知道她们多少岁。"

那女人想了一想，今天豁出去了，摸就摸吧！拉老绅士到小巷里。老绅士伸双手进去，摸了一轮后说："你四十七。"

"真准！"女人感叹，"你怎么猜出的？"

老绅士懒洋洋地回答："刚才在麦当劳，我排队排在你后面，听到你说的。"

野女孩

　　成龙一面拍戏，空余时间，经理人陈自强安排他拍一些广告。反正日本人手阔，一两天工夫就是七八百万港币，何乐而不为？

　　这一次广告公司派了大队人马，移师到墨尔本来。除了日本和中国香港的工作人员，还在当地请了一些助手。

　　其中有位金发女孩，圆脸，除两只大眼睛之外，五官并不协调，可以说是难看到极点。而且，头发是染的，本身是个日本人。

　　广告拍完，摄影队归去。隔了数日，成龙请友人加山吃饭的时候，这个女人又出现了。

　　"我是在这里念书的。"她宣布。

　　多一个人吃饭，不要紧，但是菜一上，她大咧咧地举筷先夹菜。"礼貌"这两个字，她的字典中不存在。

　　年纪还小，我们不在乎。

　　成龙叫的那支珍藏红酒，正等着呼吸，她已等不及，自己倒一大杯，咕嘟咕嘟地灌下去。再倾，又是一杯，当成可乐。未几，已干掉半瓶。

　　为成龙制造夹克和 T 恤的加山，低声地用日语向我说："现在日本的新人类，和我们认识的女孩子不太一样吧？"

我笑着问："什么女孩子？"

"她年纪不大，叫'女人'太老。"加山说。

"什么女人？"我再问。

加山用目光对着她："那个女人呀。"

"什么女人？"我又问。

"难道是男人吗？"加山说。

"是人吗？"我反问。

加山听明白，笑了。

当当当，"这只东西"有点醉，拿了筷子，把碗碟当成锣鼓，敲将起来。

烟一根接着一根，手指也黄了，牙齿也黄了。看见三十支装的万宝路烟盒已空，走过来把我那一包拿去，谢也不说一声，从此不回头。

她死缠着成龙讲话，一面讲一面拍着成龙的手臂，不让他有机会分神。说完一个并不好笑的笑话，大家笑不出，她自己咯咯大笑不停。

这顿饭好不容易吃完，甜品上桌，是一大碟桠果布丁，她先用匙羹掏了一羹，大叫："Oishi。Oishi。"

用舌头把匙羹舔了又舔，不等其他人，又来一羹。这一下，大家都不敢再吃。

席散，我们回公寓去，这东西死都要跟来，不管大家怎么暗示。后来，干脆向她说："我们还有工作要谈，你来了不方便。"

她苦苦地哀求之后，举起三只手指做童子军发誓状："让我在一边听吧，我答应一声也不出。"

拗不过她，让她上车。

果然遵守诺言，这个话说不停的东西，进到成龙房间一声不出，但很惹人反感地东翻西翻。被大喝一声之后，才乖乖地坐下。

　　加山拿出几十种设计给成龙看，怎么看都不满意，T恤的图案，失败了不要紧，本钱轻，数量也不多，但一到夹克，尤其是皮制的，非细心处理不可。

　　正当烦恼，那个东西悄悄地拿着特粗的签字笔，把图案的侧边和底部勾了一勾。字体即刻突出，由平凡的设计变成一个极有品位的标志。

　　"我是学服装设计的。"她终于开口。

　　大家都在感叹她触觉的灵敏时，她由袋中拿出一堆彩色笔，把其他的设计左改右改，变成张张都能派上用场。

　　"犀利！"有人喊了出来。

　　"唔算也嘢啦！"她说。

　　"你识讲广东话？"大家惊奇。

　　她腔调纯正地说："上几个男朋友系香港人，跟他们学嘅。"

　　"仲识得讲几种话？"

　　"法文啦，西班牙话啦。"她说得轻松。

　　不解释大家也知道，又是跟前男友学的。

　　由台湾来的女主角也在座，她不懂广东话，用普通话问："你那间学校不错嘛，我也要去学。"

　　"只学基础好了。"她又以普通话回答，"其他的在书本、杂志上学，去博物馆学，到各个大城市的商店学，学校教的，没用。"

　　"我们吃饭的时候骂你的，你都听得懂？"众人问。

　　"不。"她摇头，"不想听的，听不懂。"

"你怎么这么野？"我们干脆直接问她。

"做艺术的人，感情是不可以控制的。但是多几年，我也不会那么放肆，老了就圆滑，趁现在年轻，野一点有什么关系？"她说。

"但是不是每一个人都能忍受得了你呀！"我们说。

她幽默地回答："我也在忍受你们呀！"

叹为观止，绝倒。

丈母娘的故事

讲了一个丈母娘的笑话给李纯恩听，他特别开怀，现在趁他兴致高，多送他几个，希望他太太和太太的妈妈也照样欢喜。

一、把玛丽莲·梦露的美貌和身材拿掉，剩下来的，就是你的丈母娘。

二、一个成功人士的背后，一定有个女人。这个女人是你的丈母娘，她会不断地提醒你是一个失败的人。

三、有些人的丈母娘特别牙尖嘴利，她们开罐头只用口咬。

四、"我的丈母娘和一个世界上最伟大的人私奔了！"

"这个伟人叫什么名字？"

"我不知道。我只知道他很伟大。"

五、有一个朋友说："我的丈母娘的嘴真大，大到她笑起来的时候，她的口红会弄脏她的耳朵。"

另外一个人说："我的丈母娘的嘴比你的丈母娘还要大，大到她吃香蕉的时候，可以打横来放进口中。"

六、"你知道亚当为什么能住在乐园里吗？"

"不知道。"

"因为他的丈母娘不在那里。"

七、"有个人对我的丈母娘特别有兴趣。"

"他做什么的?"

"兽医。"

八、有个朋友说:"我因为另一个女人离开我的老婆。"

"她长得一定很漂亮啦。"

"不,很丑。她是我的丈母娘。"

九、有一个朋友说:"我的丈母娘的话最多了,她晚上把假牙脱了浸在玻璃杯里,那上下两排东西还一直又开又闭,半小时都不停。"

十、一个丈母娘死掉之后进地狱,第二天,玉皇大帝听到有人来敲门,原来这个人是阎罗王,他要移民到天上。

十一、一个人犯了重婚罪,被告上法庭,法官同情地说:"放了他吧,他已经受够罪了,他有两个丈母娘!"

十二、有个人到书店,想买一本怎样跟丈母娘和好的书,店员叫他自己去小说栏找。

十三、有一个人和他老婆吵架。

"我当时听我妈妈的话就好了!"老婆哭哭啼啼地说。

"你妈妈一定叫你别嫁给我是不是?"那人问。

"当然啦!"老婆说。

"唉!"那人叹了一口气,"这些年来我真对不起你妈妈,我误解她了。"

十四、有个人在酒吧里借酒消愁,酒保问他到底为了什么。

"我和我丈母娘吵了一大架,她说她一个星期也不会和我说话。"

那人哭泣着说。

"那不是很好吗？"酒保奇怪。

"不，一点也不好。"那人说，"这个星期刚刚好过去了。"

十五、有个农夫在挤牛奶，忽然，一头公牛从远处冲了过来。

"你还不快跑开？"他老婆叫。

农夫不睬他老婆，继续挤奶，公牛冲到他面前，即刻停止，吓了一大跳地逃走。

"你厉害！"老婆说。

"不是我厉害，"农夫懒洋洋地，"我挤乳的这头牛是它的丈母娘！"

关于婚姻

问："对婚姻的看法？"

答："没有人比王尔德讲得更好，'男人结婚，因为他们疲劳了；女人结婚，因为她们好奇。两者都失望'。哈哈哈哈。"

问："女人总是想嫁的，要是嫁不出去怎么办？"

答："因为大家都结婚，这些人没有嫁过，所以想嫁，就是王尔德所讲的好奇了。当今社会嫁不出去的女人很多，她们不是第一个。甚至于不结婚、不生儿育女，现在也相当流行，没什么了不起的。不嫁就不嫁嘛。为什么要为了一个愚蠢的制度去烦恼？"

问："那为什么还有那么多人赶去结婚？为什么他们要结婚？"

答："一时冲昏了头脑。爱到浓时，只想和这个人二十四小时长相厮守，大家就结婚了。要是能保持清醒，当然不会稀里糊涂地走进婚姻殿堂。"

问："你相信离婚这一回事吗？"

答："不相信。"

问："不相信？"

答："不相信。因为这是一种承诺，我不相信答应过的事不遵守。现在已没有指腹为婚的事。你结婚，因为你爱过，没有人用枪指你的脑袋。"

问："但是人总会变的呀！"

答："不错，所以结了婚就要期待对方的转变，去适应对方，或者让对方适应你。如果改变到大家都成为一个不同的人，那么你可以离婚。

"离婚有种种理由，最直接又最爽快的是不能容忍的意见分歧。如果有自由的婚姻制度，那么就应该接受这个单纯的理由，别再拖泥带水，折磨他们。一二三，就那么简简单单地让两个永远痛苦的人分开好了。"

问："子女呢？"

答："问得好，最应该考虑的是下一代，为了他们而勉强在一起，甚无奈。但也是要接受的事实。所以我劝喻对婚姻制度没有信心的人，即使结了婚，也不要生儿子。"

问："到底有没有完美的婚姻？"

答："有的。我父母就是一个例子，他们真是白头偕老。看到许多老夫老妻手牵手散步的情景，我心中便升起一阵阵的温暖。他们在一起，并不是婚姻的制度，是一对老伴，也许其中有很多无可奈何的意见分歧，但始终接受对方的缺点，爱护和关怀，多过一切。"

八头美人

日本女人，昔有"大和抚子"之称，是说她们的小脚生得像两根萝卜，腰长，屁股不相称地肿大的意思。

尤其是在第二次世界大战之后，日本女人在战败的混乱时期中，更觉得自信丧失。

这时候，日本出现了一个叫伊东绢子的女人，时装模特儿出身，会穿高跟鞋，走路也没有向内的八字脚，身高一米六四，三围是八十六、五十六和九十二。日本人创了个新名词，叫伊东绢子为"八头美人"。

伊东跟着去参加美国长堤的第二届世界小姐竞选，上一次派去的一个叫小岛日的女子，给人家批评得一文不值，但是伊东一登场，即刻吸引各国的评判员，在四十多个国家的美女中被选为第三名。

回日本后，她当了几部电影的主角，再跑去法国学服装设计，重返东京开时装店，又投资各种企业，变成个女强人。

后来，她嫁了一个比她小六岁的外交官，丈夫退休后在百货公司任职。

伊东说："希望，是一种不可思议的药，我现在只不过是个家庭主妇，但是我从前的确是医好不少日本女人受伤的心。"

不简单的女人

芭芭拉·卡兰（Barbara Cartland）这个女人颇不简单，除了爱情小说多得进入吉尼斯大全之外，她有不断的精力去旅行和推销自己的作品。

年轻时，她忽然有个奇想：如果用滑翔飞机来送信，岂不节省能源？不怕死，她亲力亲为地当机师推行。

也曾经为兄弟助选，成功地推举其当国会议员，后来战死，卡兰为他写了本传记，千方百计地请英国前首相丘吉尔来写序，也显出她提高自己身价的才能。

她一生为圣约翰救伤队做过不少事，也卷起一个提高护士薪金的运动，又当世界爱情小说协会的会长。

吉卜赛人也欠她不少，她致力维护这流浪民族的权利，令国会通过法律，安顿他们在屋村住下。吉卜赛人感谢她，把这村称为"芭芭拉村"。

殖民地国家读者无不喜爱她的小说，印度更疯狂到给她一个勋章，远在一九七二年，她的书一卖就是七百万本，而且还翻译成希伯来文、希腊文和土耳其文。以色列更封她为女爵士。她来过香港好几次，还上过英文台电视。

在一九七八年，她雇用英国皇家交响乐队，为自己唱的《我在找寻彩虹》灌唱片和录卡式带。传说中，她和蒙巴顿伯爵有过婚外情，是不是真的不知道，和戴安娜王妃是亲戚，倒是假不了。

一九八六年，曼谷东方酒店以她为名，设了芭芭拉·卡兰套房。

这次我住进去，才知道她那么多东西，房中还有一封信，抱怨说房间颜色不够粉红，实在是八婆一个。

但是，我宁愿住八婆套房，也不想住毛姆和卡活（诺埃尔·考沃德）套房。

不能共存的女人

在香港这么多年，屋子也没置一间。友人大为叹息："早知现在涨到一千四百万，应该在三百多万的时候买下来。"

粤人有句话："有早知，没乞儿！"

对于这些马后炮，我深深地厌恶，恨不得叫这种家伙早点去死。

还有，一喝酒便把老话重复又重复的人，我也深深地厌恶，恨不得叫这种人早点去死！

更糟糕的是，有些清醒的人，也患这种毛病。如果他们问我地址，我会回答："告诉了你，我又得搬家！"

年纪一大，自己也免不了回放一些故事，我常自我提醒，如果遇到不能肯定的话，先问道："我有没有告诉过你，我曾经……"

要是对方点头，我即刻转换话题。如果忍着，表示愿意再听一次，那不妨再述，反正每一个相同的故事，在不同的地点和时刻，都有相异的版本。有些是百听不厌的。

"结婚时他是那么英俊潇洒，想不到现在长成这个样子！"肥胖的中年女人向我投诉。

我看着她，心里直骂。

"早知道，在一万点的时候，就把全部股票卖掉！"某某富豪说。

我瞪着他，大叫："笨蛋！笨蛋！"

他听了低头同意："是笨蛋！是笨蛋！"

最无聊的还有"想当年人"。"想当年，我什么没有拥有过？劳力士、奔驰汽车、东方舞厅红牌。"喋喋不休地说个没完。"想当年人"永不停止地出现在我眼前，他们讲完一轮后转头看看背后有什么东西，怎么值得我那么注意？墙壁罢了，当他们是透明。

有些在大机构做过经理人或公关的，拿了鸡毛当令箭，专门刁难有事相求的来者，恶劣到极点。但很奇怪地被炒鱿鱼之后，还有另外一家公司来请，真是愚蠢到可怜，为什么会雇用一个得罪全天下的人来得罪全天下？

已经学会看面相，凡是长得白净净，戴金丝卡地亚眼镜，皱着眉毛嘴阴阴笑的男人，没有一个是好的。别以为电影中才出现这种反派，看看八卦周刊，常有这种人被访问，避之避之，切记切记。

讲话时以"嘎嘎""Huh、Huh"声来加重语气的，绝对是抓到一点点权力，即刻要使尽的人。曾经见过一个在机场负责寄放行李的，对急着来提皮箱的旅客，就是那么"嘎嘎""Huh、Huh"地教训。

更可耻的是，向洋人以英语演讲时，笑得两边酒窝深入、牙如麻雀牌的，对中国人发表意见便板着脸的女人，电视常见。

有些人心地不坏，但很长气，看到人家吸烟，花一两个小时去劝人戒掉，纠缠不清。

我在吞云吐雾时，这种人在我旁边坐下，马上以青白眼视之，他们被我盯得心中发毛，连忙解释："不，不，我反对的，是儿童吸烟！"

遇到一定要坚持自己的理论，拼命想说服对方的，我会懒洋洋道："所有辩论是多余的，你要说服我等于你要用你的思想来强奸我。一种米养百种人，这个世界才好玩。都是豁达的人，或者全是蠢材，那多没趣！"

天下最恐怖的人，还有在你背后插刀，在你面前又一直拍马屁的。就算当面骂他们，他们还瞪大了眼，假装不懂你说些什么。

假聪明笨蛋老女人，也讨厌到漏油。你说什么，她们一定插嘴，而且一定要赢过你：

"今天天气不错。"

"呀！夏威夷的天气更美好！"

"我昨天遇到叶锡恩。"

"呀！司徒华下午才和我喝茶！"

"我到陆羽吃点心。"

"呀！阿一鲍鱼才好吃！"

"我们晚上到幸德信家中看画吧。"

"呀！我们家里不知道有多少幅毕加索！"

到最后，大明星玛丽莲·梦露也和她握过手，音乐家巴赫（Johann Sebastian Bach）是她老祖宗的亲戚！什么大话都胡诌得出。

"呀！你是写文章的吗？我来教你！"

"呀！你是拍电影的吗？镜头应该这么摆才对！"

她们比任何专家还要专家，做出一个你什么都不懂的表情，然后翘起一边嘴唇。怎么忍受？怎么忍受？

终于当头一句："× you!"

她们回答："You are welcome!"

死了，死了！毛骨悚然，全身鸡皮疙瘩并排竖立，打个冷战，即刻伤风感冒！十八年前吃过的东西全部吐出来！

人生已到一刻都不能浪费的地步，能享受一秒钟是一秒钟，遇到上述讨厌之人，只有借用板桥郑老的一句话："……年老神倦，亦不能陪诸君子作无益语言也……任渠话旧论交接，只当秋风过耳边！"

当女人变成神棍时

小时候见奶妈求神拜佛，甚不以为然。

"灵吗？有用吗？"问道。

奶妈以她最简单、直接、淳朴的道理回答："拜时什么都不用想，已是福气。"

当年，我是听不懂的，但是奶妈的神情是自然的，是慈祥的。

渐渐地了解片刻安详的重要，再也不敢疑问女人为什么那么迷信。但是在今天的观察，发现求神拜佛已变成一件讨厌的事。

天真可爱的少女，很少信佛，她们最多跟姑妈们到庙里走走，胡乱地朝拜一番，只觉好玩罢了。

不知什么时候开始，少女开始不吃牛肉。

失恋，做错了事，祈求运气的转变，自信心动摇，女人盲目地加入了宗教的行列。

从不吃牛肉，变本加厉到每周吃一天斋，直到放弃吃任何肉类，完全素食为止。

接着家中设了佛坛，购入香炉，添上念珠与木鱼。偶像由明星歌星变为菩萨观音、天后娘娘和关公的时候，是由她们嫁了人，情感或经济上出了问题而开始的。

人类的求知欲极强，不断地寻求答案。人生有何意义？男女为何邂逅？我们很冷静地从加减乘除，到逻辑，更以哲学来分析。当哲学也解答不了的时候，我们只有向哲学的老大哥——宗教请教。老大哥说："男女为什么相遇，很简单，是缘分嘛。"

从此，"缘"这个字一直存在我们的生活之中。

女人不同，她们信仰宗教绝对不是为了做学问，谈哲学也毫无兴趣，怎会去研究佛经？

记忆力好的会把整篇《大悲咒》背下来。差一点的念念最短的《心经》，但是"般若波罗蜜多"是什么意思？意大利文或是客家话，不求甚解。

女人拜佛绝大多数是有目的的。要求诸事，跪在神明面前即刻索取：求老公快点抛弃二奶，求儿女进入好学校，求一笔横财，求菲佣听话不偷钱，求……而且，她们还向神明开条件，如果一切如愿，明年才烧乳猪来还神。问女人弘一是谁，十个有九个不知。

最讨厌的是随便地跟着一个三四流的和尚，法师前法师后地打躬作揖，然后听了一点似是而非的道理，便把这个轮回理论向周围的八婆重播又重播。这些和尚说的不过是禅学中最基本的故事，已听过几百次，和尚还当宝地举行大会演讲，叫人捐钱，真是佛都有火。

当女人也变成神棍时，最开心的应该是她们的老公。嘻嘻嘻，你越花时间去拜佛，我越有多的空闲到外面鬼混，反正你越来越慈善，有一天把二奶接回家来你也不发脾气了，嘻嘻嘻。

可怜的女人，为什么求神拜佛？总结起来，答案只有一个：因为她们寂寞。

求精神寄托的方法多得不可胜数，刺绣、种花、古筝、阅读，只是万分中之一，每种知识都可变成一门专门学问，只要向神坛争取回一部分的时间，每个女人都可寻回无限的人生乐趣。

弘一法师最常用的一句话是："自性真清净，诸法无去来。"

连德高望重的高僧都教你们不必拘泥了，为什么你们越陷越深地把自己当成老尼姑？

对宗教发生兴趣是件好事，步入中年，不管男女，都能在禅学中得到安宁。

认识的一些好女人也拜佛，她们的态度是超然的、不强求的。命运是掌握在自己手中的。

宣扬看开的女人神棍，自己最看不开。看开了，默然微笑，还有必要向人声嘶力竭地宣扬？

保持自性真清净的少女心态去信佛，最令男人着迷，永不厌倦。

离婚的理由

"出来喝杯咖啡，我有话向你说。"珍妮来电话，我知道有重要的事发生在她身上，要是没有的话，她从来不会找我。看在老朋友的分上，我赴约。

遥望着维多利亚海港，景色迷人，等了快一个小时，珍妮来到，依然是那么好看，已经是这个年纪的人了。

"国梁不要我了，我们在办离婚手续。"她一坐下来，劈头来这种话。

听了有点愕然，他们是理想夫妇，怎会闹到这地步？

"你知道我们是青梅竹马的，他是我生命中第一个男人，我也从来没有碰过其他的。"她说。

"十六岁就给了他，三十年了，换来的是这么一个结局，你说我应该怎么办？"

面对事实，重新来过，只有这种选择呀，我心想。

"好在我们那两个孩子都大了，才不影响到他们，阿尊你抱过的，我从他小的时候就决定要他当医生，果然做了一个很成功的兽医，不过他人在美国，不肯回来。阿祖我一直要他当律师，现在他也走进这一行。"

我听过她小儿子做不成律师，现在在一家律师楼出出入入，向还没有决定要不要打官司的人出主意，所谓的"师爷"就是这种人物。

两个儿子从小就受母亲完全的控制，穿什么衣服，请什么人来补习，这个女朋友不好，等等，只有母亲的声音，从儿子口中听到的只是"是是是"。

正想问她丈夫是和怎样的女人搞上时，她已经先开口："我怎么看也看不出她有什么好，样子又不漂亮，瘦得像一支竹竿，大学也没念过，这种女人，满街都是。"

是呀！照她所说，国梁不会爱上这种女人才对。

"三十年了，没功劳也有苦劳的呀！"这句话是家庭主妇常用的，我不知道听过多少次。

珍妮的丈夫梁国梁，是一个会计师，绝对不是花花公子型的男人。但这种男人最危险，遇到了一个新的，就完蛋了。所谓的"临老入花丛"。

"移民到加拿大去，也不是我的错呀！"她继续说，"不是我一个人这么想，把房子卖掉，去那边买间大的，谁知道那边的房地产一直起不来呢？不过话说回来，就算留住，现在也跌得不像样，哈，早知？哪有早知的？广东人说，有早知，没乞儿。"

这一点我是同意的。

"那个女人也是我介绍到他公司去的，看她人品不错，才决定请她。公司的事，大大小小，还不是我一手打理？国梁人什么都好，什么都迁就别人，到最后吃亏的是他，不替他安排的话，公司早就倒了。真想不到那女人会变成狐狸精。"愈讲愈激动，珍妮开始哭了，"三十年了，没功劳也有苦劳的呀！"

到底是怎样的一个女人？我也真想看看。珍妮好像猜到我在想什么："记得戚华义吗？她就是戚华义的女儿。小戚的老婆还有三分姿色，长得像妈妈就好彩，但是样子和她爸爸是一个饼模倒出来的。"

我当然记得戚华义了，当年也追求过珍妮的，样子像《101次求婚》的男主角，我们一班朋友都说是绝对不可能的事。

戚华义后来和一个平庸的女人结了婚，只生了一个女儿，我也见过，像珍妮所说，瘦得像一根电灯柱，而且还驼背，梳了两个老太婆髻子，绑着花布。如果你记得大力水手的女朋友"橄榄油"（Olive，作人名时一般译作"奥利佛"，此处取本义）是怎么一个样子的话，就知道她是怎么一个样子。不，这么说也污辱了"橄榄油"，这个女人笑起来看到两排牙箍，像《007》片集中的钢牙多一点。

"国梁太不争气，到了加拿大，会计楼找不到工作，有个朋友请他去餐厅当经理，薪水不错。但是他死都不肯，一定要跑回香港。租了一个小办公室，只请了两三个职员。戚华义那个女儿要是长得像那个肥温（指凯特·温斯莱特）我也能够理解。哈，三十年了，没有功劳也有苦劳呀！"她重复又重复，一口气把话说完，我才发现自从坐了下来，自己还没有开过口。

我朝着洗手间的方向，走开。

就是那么巧，站在我身边的不是梁国梁是谁？

"喂！你太太也在外面喝咖啡。"我说。

国梁把手指放在唇上"嘘"了一声："千万别告诉她我也在这里。"

"你怎么会和戚华义的女儿搞上了？"我问。

"哪里有这一回事？都是她疑神疑鬼。"

“又怎么弄到要离婚呢？”

“我忍受不了她。”

“三十年了，不忍也忍了吧？”

“就是最后这一件事忍不了。”

“什么事？”

“我要求她，在我回家的时候不要骂菲佣，我没有什么其他要求，只有这一样。我不在的时候，她要骂让她骂个够，只要我在的时候不骂就行。”

“她照骂？”

梁国梁点头：“你明白我说的？”

“我明白。”我说。

玩得潇洒的女人

周围的朋友，越来越多"老处女"出现。当然这只是用来形容还没有结婚，她们早就不"处"了。

"独身女强人，多好，逍遥自在。"我说。

她们惊讶："哎呀！要死了，我还是想嫁人的呀！"

想"嫁"，这个观念已经是完全的错误，作为一个女人，她们却说不出："我是想结婚的！"

现代的婚姻已是双方决定的事，为什么一定要"嫁"？"娶"不行吗？

女人的通病就是等待人家来追求她们。既然要求男女平等，为什么不主动呢？

"哎呀！要死了！那不是变成女色狼？"

女色狼有什么不好？风流而不下流也不是男人的专利呀！羡慕一些风度翩翩的公子，为什么自己不可以做一个玩得潇洒的女人？

"说得对。"她们回答，"但在身边的男人，有哪一个看得上眼呢？"

的确如此，从做少女开始，她们已中了罗曼蒂克小说和电影的毒，一直希望有个白马王子。

白马王子不但是一种濒临绝种的动物，他们还只存在于童话里。三十几岁人了，还在骗自己，羞不羞！

话说回来，这也不能怪你们。包围着你们的男人，学识比你们低，致命的是，收入也比你们低。

有几个臭钱的，又扮成什么公子，实在令人作呕。

略为有诚意的，样子又长得比《101次求婚》的男主角还要丑。唉！

而且，天下好男人，都有了老婆！

最糟糕的是，要是没有老婆的，都不喜欢女人。

很难得的情形之下，邂逅一个值得去爱的男人。

"哎呀！为什么和木头一样，一点反应也没有？"

毛病出在男人都怕失败，怕没有面子。万一给对方拒绝，又到处乱讲给别人听，丑死人了。

这个时候，你必须出击。

当然，如果在同一个地方工作，也许可以慢慢地由看电影、聊电话做起。但是如果这个男人是在你旅途中看到的，或是你认为今后接触的机会不多的，那么你就应该立即采取行动。

"什么行动？"她大叫起来。

不经意地握他们的手呀！

"哎呀！要死了！握他们的手？别以为只有你们怕丑，我们女人更怕丑，万一让他们讲给全世界的人听，那以后怎么做人？"

别怕。这件事不是你每天做的。千万不要忘记，你是一个名副其实的"老处女"，你有你的不随便的声誉，不幸地遇到一个衰男人，你只要打死都不认就好了。

"嘻嘻，那种男人，我怎么看得上眼，他说我握过他的手？来世吧。"你可以这么说。

对方要是从此不找你，那也算了。

以为得不到女人的爱，自己一定有毛病，贱的是男人！他们会坚持要和你见面，这时你坦白地告诉他，你不是一个和什么人都上床的女子，在正常的情况下，你需要恋爱，才能做这种事。

男人如果答应，重新由看电影、吃饭、谈天做起，他一定会改变对你的印象，知道你是一个好女子。终于，他说："我们结婚吧。"

曾经有过很多个女人接受我的推荐，现在抱着白白胖胖的儿女，非常幸福。也有多个不听的，现在还在继续抱怨："哎呀！要死了，我还是想嫁人的呀！"

做，机会是五十对五十；不做，机会是零。这是我一向的哲学，试试看吧，你会发现无往不利。

第三章

在烟火人间，
享受此时此刻的陪伴

古龙、三毛和倪匡

　　三十多年前，我在台湾监制过一部叫《萧十一郎》的电影。徐增宏导演，韦弘、邢慧主演，改编自古龙的原著。买版权时遇见他，比认识倪匡兄还早。

　　数年后我返港定居，任职邵氏公司制片经理，许多剧本都由倪匡兄编写，当然见面也多了。

　　有一次，我们三人都在台北，到古龙家去聊天，另外在座的是小说家三毛。

　　当晚，三毛穿着露肩的衣服，雪白的肌肤，看得倪匡和古龙都忍不住偷偷地跑到她的身后，一二三，两人一齐在左右肩各咬一口。

　　可爱的三毛并不生气，哈哈大笑。

　　那是古龙最光辉的日子，自己监制电影，电视剧又不停地拍。住在一豪宅中，马仔数名傍身，古龙俨如一黑社会头目。

　　个子长得又胖又矮，头特别大，有倪匡兄的一个半那么胖，留了小胡子，头发已有点秃了。

　　"我喜欢洋妞，最近那部戏里请了一个，漂亮得不得了。"古龙说。

"你的小说里从来没有外国女人的角色。"三毛问，"电影里怎么出现？"

"反正都是我想出来的，多几个也不要紧。"古龙笑道，"有谁敢不给我加？"

"洋妞都长得人高马大。"我骂古龙，"你用什么对付？用舌？怪不得你还要留胡子。"

大家又笑了，古龙一点不介意，一整杯伏特加，就那么倒进喉咙。是的，古龙从来不是"喝"酒，他是"倒"酒，不经口腔直入肠胃。

这次国泰开始直飞往美国旧金山，要我们来拍特集，有李绮虹、郑裕玲和钟丽缇陪伴。倪匡兄在场，哈哈哈哈四声大笑后说："有美女、好友作乐，人生何求？"

话题重新转到三毛和古龙。

"我和三毛到台中去演讲，来了七八千个读者，三毛真受欢迎，当天还有几个比较文学的教授，大家介绍自己时都说是某某大学毕业。轮到我，我只有结结巴巴地说我只是小学毕业。三毛对我真好，她向观众说：'我连小学都还没毕业。'"倪匡兄沉入回忆。

"听说古龙是喝酒喝死的，到底是不是真的有这么一回事？"郑裕玲问。

"也可以那么说，我和古龙经常一晚喝几瓶白兰地，喝到第二天去打点滴。"倪匡兄说，"不过真正的原因是这样的，有一次古龙去杏花阁喝酒，一批黑社会来叫他去和他们的大哥敬酒，古龙不肯。等他走出来时那几个小喽啰拿了又长又细的小刀捅了他几刀，不知流出多少血来，马上送进医院，医院的血库没那么多，逼得向医院外面路边的吸毒者买血。血不干净，结果输到有肝炎的血液。"

我们几人听了都"啊"的一声叫出来。

倪匡兄继续说："肝病也不会死人，但是医生说不能喝烈酒了，再喝的话会昏迷，只要昏迷了三次，就没有命。医生说的话很准，古龙照喝不误，结果我听到他第三次昏迷时，知道这回已经不妙了。"

"古龙对于死是有迷恋的，他喜欢用这个方式走。"我说。

倪匡兄赞同："三毛对死也有迷恋。"

"听说她以前也自杀过几次。"郑裕玲说。

"嗯。"倪匡点头，"古龙死的时候，才四十八岁，真是可惜。"

倪匡兄仔细描述古龙死后的怪事："他那么爱喝酒，我们几个朋友就买了四十八瓶白兰地来陪葬，塞进棺材里。他家人替他穿了件寿衣，古龙生前最不喜欢中国服装，还替他脸上盖了块布，我们说古龙那么爱喝酒，不如就陪他喝吧，结果把那几十瓶酒都开了，每瓶喝它几口，忽然……"

"忽然怎么啦？"我们紧张得不得了。

倪匡说："忽然古龙从嘴里喷出了几口很大口的鲜血来！"

"啊！"我们惊叫出来。

"人死了那么久，摆在灵堂也有好几天，怎么会喷出鲜血来？这明明是还没有死嘛，我们赶快用纸替他擦口，不知道浸湿了多少张纸，三毛和我都说他还活着，殡仪馆的人一定要把棺材盖盖上，他们怕是尸变。我一直抱着棺材，弄得一身涂在棺材上的桐油。"

"结果呢？"我们追问。

"结果殡仪馆叫医生来，医生也证明是死了，殡仪馆的人好歹把棺木盖上，我也拿他们没有法子。"倪匡兄摇头说。

听了吓得郑裕玲、李绮虹和钟丽缇三位美女失声。

"都怪你们在古龙面前喝，他那么好酒，自己没的喝，气得吐血！"我只有开玩笑地把局面弄得轻松点。

倪匡兄点点头，好像相信地说："说得也是，说得也是。"

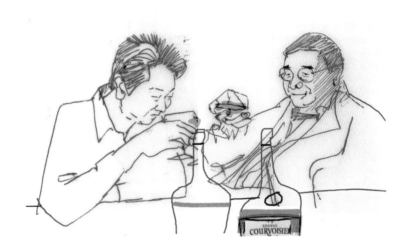

古龙和吃

古龙在他的散文集中谈吃，从牛肉面讲起，他最爱"唐矮子"的牛肉面。

唐矮子有个伙计叫王毅军，长得人高马大，腰粗十围，和唐矮子大异其趣，人家就叫他"王胖子"。

王胖子出来开店，在新生南路和信义路十字路口桥头，很受欢迎，后来去了美国。

现在还开着的牛肉面铺，只剩下桃源街的老王记了，你到桃源街也看不见老王记的招牌，问的士司机，他们会帮你找到。

至于古龙说的昆明街那一档，我去找过，没发现。古龙形容这家店的老板娘用竹筷子夹牛肉到碗里去的神态，戴着老花镜，专注与慎重，简直像选钻石一样。

武昌街和中华路的转角处，有档叫"鸭肉扁"的，古龙说这家人的生意"好得造白"。常去吃，这家人现在还在，而且变成连锁性的铺子，开了好几家。我上次去吃，发现没有从前那么好，鸭肉有点硬，但滋味还是好过其他的。"鸭肉扁"和香港卤水鹅的做法基本上相同。

餐厅方面，古龙喜欢去永康街的"秀兰"，当今开了两三家，做的是改良过的台式沪菜。古龙偶尔也吃咖喱饭。有一家大排档的老板赚了钱就跑舞厅，遇到古龙。古龙去吃的时候老板故作神秘状偷偷一笑，示意彼此守密，但也不会在饭上多浇一勺咖喱。

说金庸

问："我看金庸先生写过一篇文章，说最喜欢跟你一起去玩。"

答："我们很合得来，他很看得起我！我们刚刚从柬埔寨回来，去了一趟吴哥窟。"

问："你跟金庸先生交往多年，对他的印象如何？"

答："他是我最敬佩的人，因为那时候看他的小说，看得入迷了。我最近又在翻看，很好看，写得很精彩。"

问："作品之外，他在生活中是一个什么样的人？"

答："他睡得很晚，早上也很迟起床，然后就看书，看很多很多书。我看看书看得最多的人是他了。他看了也能记下来，记下来可以写出来，这个让我很佩服。"

问："那倪匡呢，你写了他那么多趣事？"

答："他脑筋很灵活，想的东西很稀奇古怪。"

问："他现在旧金山的生活怎么样？"

答："想什么时候起床就什么时候起床，想什么时候吃饭就什么时候吃饭，根本就没有什么规定，逍遥自在。"

问："黄霑又是什么样的人呢？"

答："黄霑在音乐上的才华是不可否认的，对音乐的认识也非常有趣。"

问："你、倪匡、黄霑三人曾主持轰动全港的电视清谈节目《今夜不设防》，当时情况是怎么样的？"

答："这个节目，话题没有限制，什么都讲，大多是比较好笑的吧。"

问："美食、电影、旅游、友情等人生经历，你都写到书里去了，这些东西你写到最后，对人生的总体看法是什么？"

答："乐观对自己很好，但我的乐观是天生的。我们跟整个宇宙相比，只是短短几十年，一刹那的事情，希望自己快乐一点，我在很年轻的时候就懂得这个道理，就一直往快乐这个方面去追求。很多大学做了很多研究，全世界的结论是：最好的人生就是尽量地吃吃喝喝。"

沈宏非

国内写食经的人不少，沈宏非是很出色的一位。他主编《都市画报》时，曾寄给我阅读，但总没机会见面。这次去广州，先打了一个电话给他。

约在一家叫"流金岁月"的沪菜馆，是他推荐的。沈宏非在上海长大，来了广州十多年，讲得一口流利的粤语，还是怀念家乡菜。

地方不错，开在天河区中信广场。记得事前友人告诉我，沈宏非是一个胖子，在飞机座位上挺辛苦，我的脑海里即刻出现相扑手，上洗手间也得假手于人。

沈宏非一出现，略肥罢了，笑嘻嘻像一尊弥勒佛。

对谈之中，发现他的观察力很强，好奇心重，这都是当食评者的条件。于一九六二年才出生的他，经过没什么好吃的日子，如果不具备乐天的遗传基因，是不行的。

"流金岁月"的各种沪菜齐全，还有蛤蜊蒸蛋，当今香港没有几家上海馆做得出，上海师傅们都没试过。

我请沈宏非点菜，因为这家馆子他去得熟，结果叫了几个冷菜都是我喜欢的，像黄泥螺，用啤酒冲过，没那么死咸，很可口。

又有醉蟹和炝虾，后者用当归浸了，与普通炝虾不同。这三种生东西吃得津津有味，再叫多一碟，老板娘笑着问："吃多少碟为止？"

我也笑着回答："吃到拉肚子为止。"

沈宏非大表赞同。

我们谈起上海的餐厅，说到包子，大家意见一致，是淮海路上那家最好。

这一生遇到不少好吃的人，懂得吃的人，没有一个不说肉类之中羊肉最佳，他也是。

沈宏非还说："有些人说羊肉做得好的话，一点也不膻，这简直是放屁。"

大家笑成一团。

五毒人

在台湾拍过电影的人，都见过一个样子古怪、个子矮小的特约演员，名字没有人记住，但一见面就认得。

这个人的特长是能吃五毒。

拍怪异的镜头、弄蛊电影，制片们必找上门，因为他什么毒蛇、蝎子、蛤蟆等都生吞活剥。一个镜头直接地看到他把一尾蜥蜴咬得稀烂，不必用道具来代替。

你以为这种特技人员一定吃得开，不愁没有工作？可是他的缺点是好酒，喝得手都发抖，要是找他拍五天戏，到第二天他已经忽然失踪，急得导演扎扎跳（粤语，"气得跳脚"），大家都不敢领教。

每天酒醉的他，回到自己的家，是在山间的一间破屋，他曾经自嘲地说："我走到屋外，抬头一看，是个天。走进家里，抬头一看，也是个天。"

没有人看过他吃进一粒饭，酒也是白干的。唯一下肚的，大概只是几条蜈蚣，再不然就是其他毒物。

在山中，那是不愁找不到的。

正担心没有人找他拍戏的时候，他忽然间又出现在中影片厂附设的动物园中，拉着老虎散步，赚几个钱买酒。

和他聊天，可以得到许多失传的知识。拍神怪电影，由他口中得到许多正确和宝贵的资料。

北方的古怪事，也是他的拿手好戏，乞儿歌更是熟悉。谈到《三国演义》和《水浒传》，更是没完没了。大家乐了，忘记他的毛病，叫他拍几天戏。哈，这下子可惨了，又是拍到中途不见人影，不把整场戏剪掉，就要重新叫旁的特约演员再来一次，损失惨重。

行内已经有一个不明文规定，要叫他拍戏，只限一天。可是当大家中午啃便当的时候，他已经失踪。

最后听到他的消息，是被动物园的老虎咬了一口。

他本人缝了五针。那只大虫，牙痛六天，到第七天毒发而死。

水王

四十年前我在日本留学时，"同居"一室的老友徐胜鹤，是一个名副其实的水王。

办公室的书桌底下，藏有一大箱的矿泉水，都是一升装，随时拿出来干掉一瓶。家里更多，由三位固定的、一个钟点的家务助理轮流服侍。四人都是中国人，不停地提供茅根竹蔗水、菊花茶、豆浆和果汁给他喝。

奇怪的是，拼命喝水的他，不见流一滴汗。

茶非他所好。没水时，从清晨至下午三点可以喝点龙井等绿茶。三点过后，一喝就睡不了觉。

说到睡觉，一起到北海道时，不管天气多冷，他绝不盖被。他说，身体好，是多喝水的关系。

徐兄一家三口，太太和女儿都不像他那么爱喝水。女儿徐燕华这一点倒和我一样，一瓶矿泉水喝三天都喝不完。

"你们不喝水，就有毛病。"这是胜鹤兄每次看到我们都说的话。

燕华和我笑嘻嘻，尽管你说些什么，一样也听不进去。啤酒大瓶的喝半打，没问题，白开水怎能喝那么多?

从日本留学回来后，我们是新加坡人，但都留在香港发展，我做电影工作，胜鹤兄在旅游界建立他的王国。

"星港"目前是香港接待日本游客最多的公司，拥有巨大的写字楼，数十辆旅游巴士，随街可见。

已经能够养尊处优的胜鹤兄，还义务当我的经纪人，最近我常往广州跑，他也一起去。有时只过一夜就回来，但他的手拉行李箱沉甸甸的，重死人也。不知道装了什么，一直没问。

直到前几次才偷窥一下，原来藏有四五瓶矿泉水。

"你们不喝水，就有毛病。"他又说燕华和我。

我们照样笑嘻嘻，但这次燕华大伤风，传给了我。两人直打喷嚏，只不传染给胜鹤兄。看样子他的话不错，今后要学他，做个水王。

自信

第一次见成龙，是在电影摄影棚里。一条古装街道，客栈、酒寮、丝绸店、药铺。各行摊档，铁匠在叮叮当当敲打，马车夫呼呼喝喝，俨如走入另一个纪元，但是在天花板上的几十万烛火刺眼照下，提醒你是活在今天。

李翰祥的电影，大家有爱憎的自由。公认的是他对布置的考究是花了心血，他对演员的要求很高，也是不可否认的。

现在在拍的是西门庆在追问郓哥的那一场，前者由杨群扮饰，后者是个陌生的年轻人，大家奇怪，为什么让一个龙虎武师来演这么重的文戏？

开麦拉一声大喊，头上双髻的小郓哥和西门庆的对白都很精彩。一精彩，节奏要吻合，有些词相对难记，但是两人皆一遍就入脑，没有重拍过。李导演满意地坐下："这小孩在朱牧的戏里演的店小二，给我印象很深，我知道他能把这场戏演好，怎么样，我的眼光不错吧？"

成龙当了天皇巨星以后，这段小插曲也跟着被人遗忘。

这次在西班牙拍外景，我们结了片缘，两人的对白大多数时间是英语。

为什么？成龙从前一句也不会讲，后来去美国拍戏用现场同步收看，又要上电视宣传，恶补了几个月，已能派上用场。回来后，他为了不让它"生锈"，一有机会就讲。

他说："我和威利也尽可能用英语交谈。"

"我们两人都是南洋腔，你不要学坏了哟。"我笑着说。

"是呀！你们一个新加坡人，一个马来西亚人，算是过江龙，就叫你们作新马仔吧！"成龙幽了我们一默。

从故事的原意开始，成龙已参加。后来发展为大纲、分场、剧本、组织工作人员、看外景、拍摄，到现在进入尾声，已差不多半年，我们天天见面，认识也有一二。但是，要写成龙不知如何下笔，数据太多，又挤不出文字，就把昨天到今晨，一共十几个小时里所发生的事记录一下。

我们租了郊外的一座大古堡拍戏。成龙已经赶了几日夜班，所以他今天不开车，让同事阿坤帮他驾驶。坐在车上，我们一路闲聊。

"你还记得李翰祥导演的那部古装片吗？"我忽然想起。

他笑着回答："当然，大概是十年前的事了吧？那时候我也不明白李导演为什么会找我。杨群、胡锦、王莱姐都是戏骨子，我也不知道哪来的勇气，只好跟着拼命啰！"

"大家看了《A 计划》后，都在谈那个由钟塔上掉下来的镜头。到底真实拍的时候有多高？"我问。

"五十几英尺，一点也不假。"他说，"其实也没有什么了不起，我们拍之前用一个和我身体重量一样的假人，穿破一层一层的帐幕丢下去。试了一次又一次，完全是计算好的。不过，等到正式拍的时候，由上面望下来，还是怕得要死。"

成龙并没有因为他的成名而丧失了那份率直和坦白。

到达古堡时天还没有黑，只见整个花园都停满演职员的房车、大型巴士、化妆车，还有发电机。

装灯光器材、道具、服装等的货车，最少也有数十辆。

当日天雨，满地泥泞，车子倒退、前进都很不容易。阿坤在那群交通工具中穿插后，把车子停下，然后要掉转。

成龙摇摇头："不，不。就停在这里好了。"

"为什么？"阿坤不明白，"掉了头后收工时方便出去呀！"

"我们前面那辆是什么车？"成龙反问。

"摄影机车嘛！"阿坤回答。

成龙道："现在外边下雨，水滴到灯泡会爆的，所以不能打灯，到了天黑，我们的车子对着它，万一助手要拿什么零件，可以帮他们用车头灯照照。"

阿坤和我都没有想到这一点，因为当时天还亮着。

进入古堡的大厅，长桌上摆放着拍戏用的晚餐，整整的一只烤羊摆在中间，香喷喷的。盒饭还没有到，大家肚子咕咕叫，但又不能去碰它，这就是电影。

镜头与镜头之间，有打光的空当，成龙没有离开现场。无聊了，他用手指蘸了白水，在玻璃杯上磨，越磨越快，发出"嗡嗡"的声音，其他初见此景的同事也好奇地学他磨杯口，嗡嗡巨响，传到远方。

叫他去休息一下，他说："我做导演的时候不喜欢演员离开现场。现在我自己只当演员，想走，也不好意思。"

消夜来了，他和洪金宝、元彪几个师兄弟一面听相声一面挨干饭。听到惹笑处，倒在地上爬不起来。

天亮，光线由窗口透进来，已经是收工的时间，大伙拖着疲倦的身子收拾衣服。我向他说："我驾车跟你的车。"

"跟得上吗？我驾得好快哟，不如坐我的车吧。"他说。

他叫阿坤坐后面，自己开。车上还有同事火星，火星刚考到驾照，很喜欢开车，成龙常让他过瘾，但今早他宁愿让别人休息。

火星不肯睡，直望公路，成龙说："要转弯的时候，踩一踩刹车，又放开，又踩，这样，车子自然会慢下来。要不然换三挡、二挡也可以拖它一拖，转弯绝对不能像你上次开那么快，记得啦！"

"学来干什么？"火星说。

"你知道我撞过多少次车吗？"成龙轻描淡写，"我只不过不要你重犯我的错误。"

成龙继续把许多开车的窍门说给火星听，火星一直点头。

"我们现在天时、地利、人和都在，所以我才讲这么多。有时，我想说几句，又怕人家说我多嘴，还是不开口为妙。"最后，他还是忍不住再来一句，"开车最主要的是让坐在你车子里的人对你有信心，他们才坐得舒服。其实，做人、做什么事都是这一道理，你说是不是？"

同学

　　旅行时，把记忆留下，有些人用相机，我则用文字。但这两种方式都不能与当地人发生接触，对一个地方的观察不够深入。就算你够胆采取主动，语言也是一个很大的障碍。

　　最好的办法莫过于画画，拿了一张纸头和笔墨，见有趣的人物画张漫画，对方一看，笑了出来，朋友就好交了。

　　画得像是不容易的，所以要找好老师。有什么人好过尊子呢？有晚一起吃饭，我向他强求："请你做我的师父吧！"

　　尊子笑了："画画不难，一定要找到一个符号。大家对这个人的印象是什么？你把他们心中想到的画出来，就像了。"

　　说得太玄、太抽象了，不懂。

　　"还是到你家去，当面再过几招给我，行不行？"我贪心得很。

　　"先过我这一关。"尊子太太陈也说。

　　"嗯？"我望向她。

　　"先带几个俊男给我看看，我喜欢的话就叫尊子收你为徒。"陈也古灵精怪地说。

"要带也带美女去引诱尊子，带俊男给你干什么？"我问。

陈也笑得可爱："美女我也喜欢，照杀不误。"

一时哪儿去找那么多俊男美女？不让我登门造访，只有等下次聚餐带上纸笔，在食肆中要尊子示范给我看看。

大家见面，尊子带了一本美国著名漫画家 Hirschfeld 的作品集给我。

"看了这本书，自然学会。"他说。

记得第一次拜冯康侯先生学书法时，他拿出一本王羲之的《圣教序》碑帖，向我说："我也是向他学的，你也向他学。我不是你的老师，你也不是我的学生，我们是同学。"

倪家弟弟

新加坡国立大学一名女学者王素琴，荣获美国制造工程师学会的杰出青年奖。

而推荐她角逐的是导师倪亦靖教授。

倪亦靖是倪匡和亦舒的弟弟。

得奖论文主要探讨如何将两种人工智能的方法结合起来，分析跟改良产品的设计和生产过程。

你看到这里，不知道我说些什么吧？不要紧，我也不知道说些什么。

十多年前，倪亦靖也被选为美国制造工程师协会的杰出青年。

一九四八年出生的倪亦靖，五岁时随家人来香港，一九六八年留学英国，一九七四年到新加坡国立大学执教，一九八四年成为新加坡公民。

倪家一共有七个兄弟姐妹，亦舒长得最漂亮，而倪亦靖最英俊，不做小说家的话，当演员也行。

记得我带队到新加坡出外景时，倪亦靖一家五口来看过我，他太太是马来西亚人、喜欢摄影和书法，和科学怪人式的教授怎么跑在一起？令人费解。

生的三个女儿可是美丽得不得了，大的一直要我带她当明星，我说等大学毕业再说，现在她大概改变主意了。

倪亦靖在小学五六年级时也对写文章很有兴趣。倪匡兄有一本很厚的中文辞典，里面汇集了巴金、朱自清等名作家的词句，倪亦靖背熟后作文的分数很高。亦舒高他一年级，有一次，看到亦舒有篇文章，问为什么跟他写的差不多，原来是抄他的。

看着他哥哥和姐姐的小说，倪亦靖半开玩笑地说："我也能写呀，但是没有写好啊，只有写这种（指着桌上的《国际生产研究杂志》学术论文）。现在写这种东西还给人家笑，问我是不是科幻？"

树根兄

　　我的大伯、二伯和四伯都很长寿，只有三伯很年轻就得病去世。他只有一个儿子，我的堂兄蔡树根。

　　树根兄从小就过番（粤语，"离开故土，到南洋谋生"），在星马（即新加坡和马来西亚）干过许多行业，对机械工程特别熟悉，沿海的捕鱼小屋"居隆"，以前起网都要用手拉，树根兄替渔夫们安装摩打（粤语，"马达"），省却人力。

　　已经多年没见过树根兄了，他的儿子都已长大，各有事业。树根兄今年六十出头，还那么粗壮。三更半夜"居隆"的摩打有毛病，一个电话，他便出海修理，渔民都很尊敬他。

　　近年来，树根兄多读书，精通历史，而且有画展必到，在绘画上大下苦功，尤其是炭画，研究得很深刻，亲朋好友只要略加描述他们的先人，树根兄便能神似地将人像画出来。

　　那天他来家坐，手提数尾乌鱼当礼物，说是渔夫朋友孝敬他的。喝了茶后，树根兄和我父亲叙旧，讲的多是他小时对家乡的回忆。

　　我从来没有见过我三伯，树根兄对他父亲印象也很模糊。家父记得最清楚的是三伯的手艺非常灵巧。

单说剪头发吧，三伯从不假手于人，他用脚趾夹着一面小镜子，自己动手。理后脑的头发时，右手抓剪刀，左手握另一面镜倒映到脚上的镜，剪得整整齐齐，一点也不含糊。

有时家中没菜，他便装着在人家鱼塘里洗澡，三两下子，空手偷抓了一尾大鲤鱼，藏在怀里，不动声色地拿回家，被祖母笑骂一顿。

早年守寡的三婶是一个不苟言笑的人。记得我小时树根兄把她接到南洋，住在我们家里。她带了树根兄的大儿子绷着脸坐着。吃晚餐时大孙子白饭一碗碗入口，掉在桌面上的饭粒也拾起来珍惜地吞下，我看得心酸再添一碗给他。三婶看在眼里，才跟我问长问短。

树根兄和他母亲甚少交谈，反与家父亲近，他问道："我父亲到底长得像谁？"

爸爸回答："你年轻时我不觉得，现在看来，长得最像的是你。"

他告辞，爸爸送他到门口，临别时看到他眼角有滴泪珠。

雨衣人

回到新加坡，惊闻志峰兄逝世了。他的英俊潇洒的形象，至今还是活生生。不过，志峰兄一生可说得上多姿多彩，不枉此生。

三十年前，他常到我们家来座谈，每次都带来一些意想不到的礼物，印象深刻的是那回送给我们一只小黑熊，胸口有块白斑，像小孩一样顽皮，可爱至极。长大后，我们常和它摔跤，后来力气越来越大，父母亲再也不放心，把它送给动物园，让我们伤心了好一阵子。

起初只知道志峰兄是个普通的印度尼西亚华侨，混熟了才知他极富有，又是大学生，对中国文学亦有研究，而且擅于写旧诗，真是失敬得很。

家父亦好此道，所以志峰兄一坐就是数小时，我们听不懂诗词的奥妙，只会玩他带来的礼物。现在想起来真后悔不亲炙他。

有一回，他又拿了两尾色彩缤纷的鲤鱼相送，家父外出，他闲着无聊，就给我们兄弟讲《白秋练》的故事。

他口才好，形容得那条鱼精活生生的，不逊蒲松龄的口述，也启发了我们对《聊斋》的爱好。

当时，志峰兄二十多岁，尚未娶亲，他的朋友说他头脑有毛病，对婚姻有恐惧，死守独身主义。

志峰兄的理论是："女人嘛，缠上身后每天相对，总会看厌的。"

他自己住在一座大洋房里，花了不少钱装修，但从来不让朋友上他的家。

友人不死心，一定要为这间屋子加上个女主人，纷纷介绍少女给他做老婆。

"想喝杯牛奶何必养一头牛？"志峰兄笑着说，"一个人清清静静多好。"

直到有一天，志峰兄病了，他的好友见他几天不上班，不管三七二十一地带了医生冲进他的房里，才看到整座屋子布置得像好色埃及法老的皇宫。

据他的老管家说，他一年三百六十五天，每晚都换新女朋友，有时还不止一个，五六个成群结队。奇怪的是，第二天，她们走出来时，没有一个愁眉苦脸的，都是心满意足。

至于说志峰兄为什么不结婚，这并非他没有这个念头，只是他有双重性格，一方面放荡不羁，一方面却是个虔诚的天主教徒，认为结过一次婚后就不能再娶。

原来志峰兄十七岁的那年，他父亲在他们普宁的乡下为他娶了个大他几岁的老婆。这女人性欲极强，志峰兄虽然年轻力壮也吃不消，产生了自卑感。

有一回，他父亲派他到外面去做生意，却又是生龙活虎，比其他的人了得。

回家后，他找了要再读书的借口，跑到汕头，接着偷偷溜到印度尼西亚去投靠他的叔父。叔父开的是橡皮工厂，拥有许多树胶园，割树胶的却是女工，皆于黎明出发收割，志峰兄当然也跟着去了。

她们却让他摆平，工作的效率日渐降低。当女工一个个大着肚子去告密后，他叔父把志峰兄赶出树胶园。志峰兄到处流浪，做做杂役，半工半读地念完万隆大学，他精通印度尼西亚文和荷兰语，考试都是第一名，闲时上教堂，也念念不忘中国文学，吟诗作对。

受过树胶园教训之后，志峰兄虽然重施故技地应付女同学，但是已变成有原则，那便是永远要穿雨衣登场。

"衣服穿惯了，就是身体的一部分，雨衣也是一样的。"志峰兄说。

但是，他的朋友不知道他在胡扯些什么，只觉得这个虔诚的教徒很古怪。

同学之中，有个是高官的儿子。志峰兄搭上这关系做起生意来，不出数年给他赚个满钵。

志峰兄一直进行他的秘密游戏，有一天，他忽然间停止了一切活动，自己写了立轴道："白发满头归不得，诗情酒兴意阑珊。"

大家以为他是机关枪开得太多，但真正的原因，是他听到了发妻去世的消息。

酒中豪杰

我们这些享受过香港电影全盛时期的人，非常幸福。当年，拍什么卖什么，领域之大，布满东南亚和欧美唐人街，单单某些地区的版权费已收回成本，所以要求的是量，而不是质。

日本和韩国导演都以快速见称，输入了许多人才。前者有井上梅次、中平康、岛耕二等，后者除了申相玉、郑昌和，还有张一湖和金容珠。

导演住酒店，带来的工作人员就在宿舍下榻。日本人一休息下来，就到影城的后山海里潜水，捞出很多海胆，当年香港人不会吃，海底布满了，拾之不尽。

韩国人更勤力，每天工作十多二十个小时，难得有空即刻蒙头大睡。醒来，就在房间内制作金渍泡菜，他们不可一日无此君，不吃泡菜开不了工。当年商店没的卖，非自己泡不可。

这一来可好，泡菜中有大量的蒜头，发酵起来，那阵味道不是人人受得了的，其他住在宿舍的香港演职员都跑来向我投诉，我无可奈何，私掏腰包请喝酒安抚。

来的这些人不和，但有一个共同点，就是大家都是酒中豪杰。香港的酒又好又便宜，收工之后在宿舍狂饮，酒瓶堆积如山。电影工作人员都得付出劳力，一天辛苦下来，有些还不肯睡，聊起小时看过的片子，哪一部最好，什么电影的摄影最佳，最后唱起经典作品的主题曲来。

国籍可能不同，但看过的好莱坞电影是一样的，这是大家的共同语言，已经不分你我来自哪一个地方。

在片场工作，除了导演高高在上，其他人并没受到应得的尊敬，只是苦力一名，任劳任怨，所以养成了借酒消愁的习惯。喝多了，都酒力甚强。我请工作人员时，也以会不会喝酒作为标准。不喝的，一定不行，酒中豪杰，才是好人。

引老友游微博

老友曾希邦先生，是位做学问很严谨之人，一生从事翻译工作，造诣颇深，也曾任报纸编辑数十年，所有标题，经他一改，哪像当今香港的新闻那么拖泥带水又不通。

退休后，希邦兄研究摄影，精美相机数十架，轮流摩挲，玩得不亦乐乎。为了不让记忆力衰退，他能背诵辛弃疾的诗词上百首，也是我极佩服的事。

近年来学习计算机，我们的交流从书信转为传真，再由传真变为电邮。为了更迅速联络对方，我觉得还是引诱他玩微博，随时可以互相传递信息。

对微博不熟悉的人，觉得要注册一个账号，是非常麻烦的事，我起初也是那么想。如果是做学问的话，花时间学习和研究是可以花工夫的，但如何上微博，像买了一个相机要看那本很厚的说明书一样，不值得花时间。

所以我先请一位叫杨翱的网友代为指导，从一二三做起，一一传授步骤，最终也学会进入了。

要是用 iPhone 手机的话，那更是易事，在 App 中打入 weibo 的字样，马上出现一个像眼睛的符号，可当首页的icon，一按即出几个空栏，填上你的账号和密码，便可以注册成为微博的网友。

最初，我们互相通"私信"，他不知道怎么收发，我教他："先点击信箱，那个画着邮筒的符号，就可以进入看三个栏目的网页，第一个是'@我的'，第二个是'评论'，第三个就是'私信'了。"

通了之后，我接到他的私信，微博的这个功能可以不必让其他人看到，只要你在对方的"数据"上按了"关注"二字即可。

"玩微博真过瘾！"是他给我的私信。

"私信"之外，大家都能观赏的是发在"首页"上的文字，希邦兄发至当今的，共有六十五条。

第一条是："'秀''粉丝''血拼'等字眼的出现频繁，显示中文受污染的程度，已相当严重。采用这一类的音译外来语，是赶时髦，还是想改革古老的中文？"

一下子，三十九个网友的评语"杀"到，有些表示赞同，有些表示反对，大家的文字运用皆有水平，录几段：

"这只是异域文化在融合所产生的吧，不一定是污染那么严重，真要说污染，简化字不是中文最大的污染吗？"

"血拼是多么生动啊，言和意都译到了。我不反对类似这样的外来语，世界大同，也有中国词汇传入外国嘛，无须太介怀。"

"网络的强大使人抵挡不了这些词语，它们能迅速地消除彼此的陌生感，但是，坚信严谨的中国文字仍然占主流，大可不必惊奇。"

总括起来，大家的语气还算客气，但也有些不怀好意的，我们都叫这些人为"脑残"，"脑残"说："守旧之人必遭历史淘汰！"

"现代用的白话文对于文言文来讲，难道就不是污染？杞人忧天！"

希邦兄感慨地说："破题第一遭上微博，略抒有关音译外来语之见，居然引起众多网友的关注，使我颇感意外。这种热烈反应，也就是微博令人着迷之处。"

另外，他有这种感想："微博像老舍先生写的《茶馆》，在这里面，我跟别人嚷嚷，凑热闹。在这里，我说我讨厌音译外来语，我抱怨这，抱怨那，乱说一通。于是，招来了争执和指责。指责、争执、谩骂、赞扬，都是茶馆里常见的现象，嘻嘻哈哈一阵，事后烟消云散，不必挂在心上，我不会像唐铁嘴那样，被王掌柜撵走。"

我的脾气可没希邦兄那么好，到这年纪了，还听什么冷言冷语？所以我的微博设立了一群护法，是一直关心我的网友，他们会撵走"脑残"。

说回希邦兄的微博，关注他的网友愈来愈多，短短一两个月，已有七百多人，他的回复也多了，其中一条说："在微博大茶馆的阴暗角落里，坐着一个白发老头，正在喃喃自语。那老头就是我。我看着刘麻子、松二爷、常四爷等诸多人物忙着串戏，不敢惊动他们，可是，掌柜的跑来对我说，'别愣着，跟大伙儿谈谈去。'我想，这也好。是的，和大伙儿交流是必须的。"

众网友的评论又"杀"到：

"能在微博遇见您，深感荣幸。"

"这有清茶和大扁儿伺候着您。"

"期待你更多只言词组，多给我们年轻人一些智能的分享。"

我想，最令希邦兄哭笑不得的是，当他发表自己已经是八十六岁时，忽然有位小朋友说："爷爷，你很潮！哈哈。"

网友

不必避忌，我们这群写作人，都有强烈的发表欲。

就算你是一位所谓的"纯文学"作者，虽然曲高和寡，到最后，也希望有个伯乐，不然写来干什么？

既然要写，当然认为愈多人看愈好，我最近还写一种叫"微博"的玩意，愈玩愈带劲，有点不能自拔。

为什么要上"微博"？又是怎么一个东西？计算机上发明了"博客"，要发表长篇大论的文章，我一点兴趣也没有，这与我性子急有关，如果写，干脆赚稿酬，何必做免费的无聊事？

微博不同，只要一百四十个字，很适合我这种人，当西方有了推特（Twitter），我就想参加，但始终我是以中文书写的人，希望以母语发表。

我一开始参加，就讲明不谈政治，专攻美食和生活方式，这样也可以省掉许多唇舌，不必和政治观点不同的人做无益辩论。

看微博的人，叫粉丝，他们可以在网上加入"关注"一栏，那么以后我发表的任何文字，都会自动跳到他们的网页上。

对"粉丝"这个名称我不以为然，宁愿称诸位为"网友"。我的网友，都是一个个赚回来的，得来不易。

第一，我相信要做什么，就要做得最好。我的微博虽然做不到最好，但是我是一个最勤劳的发表人，至今发出的微博，已经有一万一千四百九十四条。

第二，而网友人数，从数十到数百，二〇〇九年十二月十四日开始，慢慢储蓄，几百变几千、几万，至写稿的这一刻，正式数字，有三十八万两千零五十八。

人生友人

一颗吸血僵尸般的虎牙，开始摇动，知道是我们离别的时候到了。

虽然万般可惜，但忍受不了每天吃东西时的痛楚，决定找老朋友黎湛培医生拔除。近来我常到尖沙咀堪富利士道的恒生银行附近走动，看到我的人以为我是去找东西吃，不知道我造访的是牙医。

牙齿不断地洗，又抽烟又喝浓得像墨汁的普洱，不黑才怪。黎医生用的是一管喷射器，像以水喉洗车子一样，一下子就洗得干干净净，不消三分钟。如果一洗一小时，那么加起来浪费的时间就太多。

今天要久一点了，拔牙嘛。

做人，最恐怖和痛苦的，莫过于拔牙。前一阵子还在报纸上看到一张图片，有个女的赤脚大夫，用一支修理房屋的铁钳替人拔牙，做了几晚的噩梦。

老朋友了，什么都可以商量，我向黎医生说："先涂一点麻醉膏在打针的地方，行不行？"

"知道了，知道了。"黎医生笑着说。

过几分钟，好像有点效了，用舌头去顶一顶，没什么感觉。

还是不放心，再问："拔牙之前，你会给我开一开笑气的？"

"知道了，知道了。"

这种笑气，小时候看三傻短片时经常出现。向当今的年轻人提起，他们还不知道有这种东西。不过现在的牙医不太肯用，怕诊所内空气不流通的话，自己先给笑死。

一个口罩压在我鼻子上，听到咝咝的声音，接着便是一阵舒服无比的感觉，像在太空漫游，我开始微笑。

"拔掉了。"黎医生宣布。

什么？看到了那颗虎牙，才能相信。前后不到十分钟，打针和拔牙的过程像在记忆中删除。这个故事教给我们，人生之中，一定要交几个朋友，一个和尚或神父，还要一位好牙医，精神和肉体的痛苦，都能消除。

《苏珊娜》的老板

在首尔，我要喝上等土炮（自酿的米酒）"马嘉丽"，一定到清溪屋去。

经过一条长巷，便抵达一间传统式的韩国平房。走入院子登上了炕，年轻的侍女便会把酒奉上前来。

清溪屋的妈妈生是一个大肥婆，已有五十多岁，她最迷中国电影，当时何梦华导演的《珊珊》在首尔上映，轰动一时，韩国人叫此片为《苏珊娜》。

第一次遇见她，申相玉介绍我是香港来的，是《龙虎门》的制片，她就不管三七二十一地大力抱住我，大喊："啊！《苏珊娜》的老板！"

我怎么解释说我不是该片的老板，她完全听不进去，对我十分亲切。口水说干了后，我也再不出声，笑着喝酒。

其他地方的马嘉丽都是用鸡粮做的，又黄又酸，只有她家是用白米，酿出来的马嘉丽像雪花挤出来的汁，夏天冻得冰凉，用一大茶壶盛着，一口一杯，香甜到脑子里。

从此，我每到首尔，就往清溪屋跑。

我和妈妈生做了好朋友，不停干杯。

"你呀！"她说，"要是年轻二十年，我就把女儿嫁给你。"

"如果我老二十年呢？"我等着她的答案。

"那你就要我做老婆呀！"她哈哈大笑。我也笑得在炕上打滚。

旁边的客人都瞪大眼睛看我们这两个疯子。

"不过，等我女儿长大结婚，"她醉了，"我一定送你一张飞机票，你非来和我喝一杯不可哦！"

我们用尾指相交，表示允诺。

多年来，我一次次回到首尔，一见面总是两个互相拥抱。拍《乾隆下江南》时，拉了李翰祥导演同去，他看到那大肥婆搂住我，差点没把我挤扁，吓得一跳，不知我们两人是什么关系。

回到香港，照样的枯燥的工作，又飞尼泊尔，又飞印度，我已经好久没有尝到好的马嘉丽。一天，接到一张喜帖，她果然遵守了她的诺言。

这令我对人类，又充满了希望和信心。

马上买了更贵重的礼物，踏上旅程。

哈哈，这次可真的把我乐坏了。两人依然相抱，她高声大喊："拿酒来！"

由乡下来的侍女，双颊给外面的风雪冻得透红，提了一大茶壶马嘉丽和两个碗，我们开始在炕上狂饮。下酒的，是全韩国最好的菜。

当天不卖酒，喜宴就设在清溪屋中。被我这远方来客比较下，新郎反而被冷落了。看他笑嘻嘻不在乎，耐心地望着新娘等待着洞房花烛夜。

"斯界贝尔！"妈妈生大力地拍新郎的头，是日语的"色鬼"的意思。

"妈！"她的女儿抗议。新郎也懂得几句日语："大丈夫！大丈夫！"

不要紧的意思。

妈妈生和我继续牛饮，韩国人的习惯，是我干了一杯后，把空杯子给同我敬酒的人，他干了，再把杯子还给我。我们用的不是杯，而是大碗。

再喝便要醉了，我心想。手一停，两碗酒摆在我面前，妈妈生说："这叫'戴眼镜'！对韩国人来讲，是丢脸的事！"

我当然不能丢脸。

"醉了就睡在这里！"她命令，"喂，今晚陪他！"

那个红颊侍女"呢依"一声，便把大腿当枕头，扶我躺下。

当晚，是我人生中最高兴的一夜。唯一遗憾是醉得不清不楚，做了什么都忘记了。

雪融了，特别冷，我一下子又到热死人的国家去工作。飘游，一逛又几年。

前几天回到首尔，经过长巷，还是那间传统的韩国平房，走入院子登上炕，但是没有人来拥抱我。

"三年前她把这家店卖给我。"另一个女人说，"我不知道她去了哪里。"

走出那条长巷，又下雪了。忽然，我转头，以为听到有人在喊："《苏珊娜》的老板，下次一定要来哟！"

汤原老板娘

不知不觉，来了冈山县汤原的旅馆"八景"，已七年。

有些人喜欢装修得高贵的温泉酒店，我却对这种乡村味的旅馆情有独钟，来到这里像回家，前来迎接的老板娘更给我亲切的感觉。

"我今年四十二岁了。"她说。

个子矮小，但面孔非常漂亮，胸脯之高，蔚为奇观，团友们都叫她日本朱茵。

第一次见面，她三十五，狼虎之年，艳丽得诱人。当今看来，依然风情万种，一点也不觉老。

温泉旅馆一般的老板娘，日本人叫为"女大将"的，多为受聘者，汤原这位是真正的主人，家庭富裕，但就是爱上旅馆这一行，由建筑到管理都亲力亲为。

每年来总看到进步，屋顶多了一个露天浴室，房间翻新又翻新，但不失传统，充分表现祥和和宁静的气氛，是别的旅馆少有的。一点一滴的更新，可见老板娘的心血，全副精神都摆在这家旅馆里面。

到达后先去地下的大浴池浸一浸，这里的泉水无色无味，异常润滑，被誉为"横纲"，温泉之冠军的意思。

室外的，在河的一旁，共有大热、中温和略凉三个池子，为男女共浴，日本已经少之又少，连北海道乡下的，也已经分为男女。

出发前的黎明，在屋顶上的露天池中再浸一次，池子旁边竖着木牌和小网，由老板娘以美丽的书法写着："泉水的舒适，昆虫飞蛾也迷恋，如果跌进池中，请心灵优秀的客人捞起，救它一命。"

食物还是那么丰富，皆为山中的野菜和溪里的活鱼，团友酒醉饭饱，问我说："老板娘和朱茵，你选哪一个？"

我笑道："当然是老板娘，朱茵说婚前不许有性行为，老板娘应该不反对吧？"

没有闷场

　　看到桌上那碟煎咸鱼，倪匡兄说："朋友送了一条很大的马友，我拿了两个玻璃罐，填满油，一头一尾，浸了两罐。"

　　咸，广东话有好色的意思，叫"咸湿"。

　　倪匡兄又说："我再把一套线装版的《金瓶梅》放在两罐咸鱼中间，叫'双咸图'！哈哈哈哈。"

　　"那么你去站在旁边，拍一张照片，就可以成为'三咸图'了。"倪太的冷笑话，很冷，没有表情，经常时不时来一句讽刺自己的丈夫。大家听了都笑得从椅子上掉到地上。

　　话题转到选美，说整容的算不算？从前选什么小姐，都不准佳丽们动过手术吧？想不到坐在一旁的谢医生的笑话也冷："那叫不叫有机？"

　　大家七嘴八舌："当今的，有哪一个没整过容？"

　　"内地还有一个人造美人竞选，小姐们有的说开过二十几次刀，有的说三十几次。"倪匡兄常在网上看小道新闻，知道最多。

　　大家都说："上台领奖时，整容医生也应该上台，到底是他的杰作。"

　　倪太胃口很好，倪匡兄反而没吃多少东西，他说："每一天才吃一碗饭，也这么肥，真冤枉。人一肥，百病丛生，最近我走路，愈走愈快。"

"那不是健康的象征吗？"大家安慰。

倪匡兄说："不是我要走那么快，是我停不下来，过马路时最糟糕，最后只有靠手杖刹车了。"

今晚他的心情特别愉快，因为智齿不必拔，那是他向牙医求的情，他说罪人也有缓刑呀，医生拗不过他，就放他一马。

"回到香港真好，话讲得通。"倪匡兄说，"住旧金山时看医生，我要求找一个中国人。去了一看，原来是从台山来的，说了一口台山话，我向他说，'你讲英文吧，我至少还可以听得懂一两句。'"

真是个活宝，吃饭时有他在，从没闷场。

拾忆

小时候住的地方好大,有两万六千平方英尺(约合两千四百平方米)。

记得很清楚, 花园里有个羽毛球场,哥哥姐姐的朋友放学后总在那里练习, 每个人都想成为"汤姆士杯"的得主。

屋子原来是个英籍犹太人住的, 楼下很矮, 二楼较高, 但是一反旧屋的建筑传统, 窗门特别多, 到了晚上, 一关就有一百多扇。

由大门进去, 两旁种满了红毛丹, 每年结果, 树干给压得弯弯的, 用根长竹竿绑上剪刀切下, 到处送给亲戚朋友。

起初搬进去的时候, 还有棵榴梿树, 听邻居说是"鲁古"的, 果实硬化不能吃的意思, 父亲便雇人把它砍了, 我们摘下未成熟的小榴梿, 当手榴弹扔。

房子一间又一间, 像进入古堡, 我们不断地寻找秘密隧道。打扫起来, 是一大烦事。

粗壮的凤凰树干, 是练靶的好工具, 我买了一把德国军刀, 直往树干飞, 整成一个大洞, 父亲放工回家后, 被臭骂一顿。

最不喜欢做的, 是星期天割草, 当时的机器, 为什么那么笨重? 四把弯曲的刀，两旁装着轮子，怎么推也推不动。

父亲由朋友的家里移植了接枝的番荔枝、番石榴。矮小的树上结果，我们不必爬上去便能摘到，肉肥满，核又少，甜得很。

长大一点，见姐姐哥哥在家里开派对，自己也约了几个女朋友参加，一揽她们的腰，为什么那么细？

由家到市中心有六英里路，要经过两个大坟场，父亲的两个好朋友去世后都葬在那里，每天上下班都要看到他们。伤心，便把房子卖掉了，搬到别处。

几年前回去看过故屋，园已荒芜，屋子破旧，已没有小时候感觉到的那么大，听说地主要等地价好时建新楼出售。这次又到那里怀旧一番，已有八栋白屋子竖立。忽然想起《花生漫画》的史努比，当他看到自己出生地野菊园变成高楼大厦时，大声叫喊："岂有此理！你竟敢把房子建筑在我的回忆上！"

亲人

有很多没有见过的亲人，在家父的描述下，我好像听到他们的呼吸。我爷爷有个小弟弟，吊儿郎当，有天塌下来都不管的个性。年轻时娶了乡中的一个美丽的少女，过一两年都没生育，我祖母却生了五男二女，将最小的儿子——我父亲——过房给他们。从小爸爸还是不改口地称呼他们细叔细婶，两人都非常宠爱他。

老细叔自幼习武，会点穴。一天，在耕田的时候来了三两地痞欺负他，怎知道给他三拳两脚地打死了一个。

当时杀人，唯一走脱的路径便是"过番"。老细叔逃到南洋，在马来西亚的笨珍附近一小乡村落脚。几番岁月和辛酸，总算买到二十亩树胶园，做起园主，和土女结婚生子。

另一边，老细婶一直没有丈夫的音信。她织得一手好布，也不跟我祖母住在一起，于邻近买了一小栋房屋独居。她闲时吟诗作对，不过从来没有上学校的福气，所修的文字，都是歌册上学来。潮州大戏歌曲多采自唐诗宋词。家中壮丁都放洋，凡遇难于处理的纠纷，都来找细婶解决，连我奶奶都怕她三分。

经太平洋战争，我的二伯终于和老细叔取得联络，问他还有没有意思回到故乡。老细叔也不回答，默默地卖掉几亩树胶园，就乘船走了。

石门镇起了骚动，过番三四十年的南洋客竟然回家了。大伙儿都围来看他。拜会过亲戚长辈后，老细叔拎了行李走入家门。

老细婶并没有愤怒或悲伤，打水让他洗脸。只是到了晚上，让他一个人睡在厅中。

翌日，老细婶陪他上坟拜祖先。老细叔又吊儿郎当地在家里住下，偶尔到邻近游山玩水，吃吃妻子做的咸菜，是世上的美味。

过了一阵子，老细婶向他说："这些年来，我想见你的愿望已经达到。你住了这么久，也应该要回南洋了。"

送她丈夫上船，再过了多年，老细婶去世。

死后在她家的墙角屋梁找出上百个银洋，是她一生的储蓄。老细婶没有说过要留给谁，她也不知道要留给谁。

阿叔

　　小时，最大的乐趣是等待星期天。一早，爸爸妈妈姐姐哥哥和我，手抱着弟弟，一家六口穿了整齐干净的衣服，乘了的士，由我们住的大世界游乐场，直赴后港五条石阿叔的家。

　　阿叔姓许，我们没有叫他许叔叔，只因他比我们的亲戚还亲。

　　车子经一警察局、一花园兼运动场和一个市场，向左转进条碎石路，再过几间平房，就是阿叔的花园。我们按铃，恶犬汪汪，阿叔的几个儿子开门迎接。

　　花园占地一万多平方英尺，屋子是它的十分之四，典型的南洋浮脚楼，最前端是个有顶的阳台，摆着石桌凳子。

　　笑盈盈的阿叔，有略微肥矮的身材，永不穿外衣，只是一件三个珍珠纽扣的圆领薄汗衫和一条丝制的白色唐裤，围黑皮附着钱包的腰带。头发比陆军装还要长一点，一张很有福相的圆脸，留了一笔小髭，很慈祥地说："来，先喝杯茶。"

　　由阳台进主宅的门楣上，挂着一幅横匾，写了几个毛笔字，签名并盖印。

第一次到阿叔家时拉爸爸的袖子，问道："写些什么？"

爸爸回答："这是周作人先生写给阿叔的，是他的这个家的名字。"

"家也有名字吗？周作人是谁？"我还是不明白。

"你以后多看书，就知他是谁了。"爸爸很有耐性地说，"也许，有一天，你会学他写东西也说不定。"

"但是，"我不罢休，"为什么这个周作人要写字给阿叔？"

"阿叔是一个做生意的商人，但是很喜欢看书，而且专门收集五四运动以后的书……"

"五四运动？"我问。

爸爸不管我，继续说："中国文人多数没有钱。阿叔时常寄钱给他们，为了要感谢阿叔，就写些字来相送。"

"文人很穷，为什么要学他们写东西？"我更糊涂了。

一年复一年，到花园嬉玩的时候渐少，学姐姐躲在书房里，读冰心、张天翼和赵树理。

病中，捧着《西游记》《三国演义》《水浒传》，书籍真的有一种香味。

打从心中喜欢的还是翻译的《伊索寓言》《希腊神话集》等，继之是狄更斯的《大卫·科波菲尔》、雨果的《悲惨世界》，接着是俄国的《卡拉马佐夫兄弟》《战争与和平》，最后连几大册的《约翰·克利斯朵夫》也生吞活剥。

阿叔的书架横木上贴着一行小字："此书概不出借。"但是对我们姐弟，从来没摇过头。我们也自觉，尽量在第二个星期奉还，要是隔两个星期还没看完，便装病不敢到阿叔家里去。

转眼就要出国，准备琐碎东西忙得昏头昏脑，忘记向阿叔话别就乘船上路。

爸爸的家书中，我连流眼泪的时间也没有，心中有个问题："阿叔的那些书呢？"

所藏的几万册都是原装第一版本书籍，加上北京、清华等大学的学报和各类杂志。五四运动以后出版的，应有尽有，而且还有许多是作家亲自签名赠送的。三十年代，在上海出版的三种漫画月刊，也都收集。有些资料，我相信两岸未必那么齐全。

阿叔在南洋代理三星白兰地、阿华田、白兰氏鸡精等洋货，他的店铺并没有什么装修，一个门面，楼上是仓库。

在一旁，他有一间小小的办公室，里面除了一个算盘之外，便是一副工夫茶具。薄利多销是他的原则。也许是因为染上文人的气质，他的经营方法已是落后，晚年代理权都落到较他更会谋利的商人手里。

病榻中，阿叔看着他那几个见到印刷品就掉头走的儿女，非常不放心地向爸爸提出和我同样的问题："那些书呢？"

爸爸回答："献给大学的图书馆吧！"

阿叔点点头，含笑而逝。

酒舅

　　母亲好酒，一瓶白兰地，三天喝完，算是客气。七十多岁的人了，还是无酒不欢。亲戚友人嘴里虽劝说别喝过量，但是见她身体强壮，晨运时健步如飞，令半滴不入喉的人，反而思索自己是否有毛病。

　　人上了年纪，生活方式不太有变化。周末，爸爸和妈妈多是到十八溪前的丰大行去找一群老朋友聊天。爸爸有他吟诗作对的同伴，陪着妈妈的是一位我们的远房亲戚，他也好杯中物。慢慢喝，他们两人一天三瓶不是问题。这亲戚比妈年纪小，我们就管他叫"酒舅"。

　　酒舅身材矮小，门牙之间有条缝，身体结实得像一块石头，再加上头顶光秃到只剩几根稀发，更像一块石头。他的笑话，讲个没完没了，讲完先自己笑得由椅子上掉下来。《射雕》里的老顽童找他来演，不用化装。

　　出生于富家的酒舅，从小就学习武艺，个性好胜，到处找人打架。他又喜欢美食，更逢饮必醉，经常酒后闹得不可收拾，干脆和恶友不回家睡觉，吵至天明。

　　邻居第二天找上门来，他父亲虽然恨透，但还维护着他，劈头问邻居道："你儿子昨晚把我的儿子引到什么地方去？"

问罪之人，反而哑口无言。

他父亲是个读书人，生了这么一个不肯做功课的儿子，拿他一点办法也没有，差点气出病来，但是酒舅不管三七二十一，照样研究炒什么菜下酒，不瞅不睬。与其他个性善良淳厚的兄弟比较起来，酒舅是一个标准的恶少，村里的人，没有一个对他有好感。

唯一的好处，是酒舅好打抱不平，经常帮助人家解决疑难问题。遇到有什么纷争，他便站出来做和事佬。

他当公亲（闽南语，"调解人"），多由自己掏腰包出来请客，图个见义勇为的美名。名堂虽佳，却要向两方讨好。

一次甲乙双方争于某事，几乎弄到纠众械斗，他向双方恶少说："你们有胆，先把我杀死再说！"

恶少们知道酒舅曾经学武，能点穴，和人相打时，只用力踩对方的脚盘，那人便倒地不起。

结果，大家都买酒舅的账，一场大斗，便不了了之。

酒舅，从小不靠家产，自己出来闯天下，由一个月薪两块钱的小子，渐渐爬到成为一家树胶机构的经理。在那小镇上，酒舅算是一个大绅士。

晚年，他父亲不跟其他儿女住，而中意和酒舅在一起，因他谈吐幽默，又烧得一手好菜。

而这个儿子，和其他人想象不同，到底个性忠直，一直与父亲很亲近。渐渐地，他也得到了他父亲的熏陶，养成了读历史的好习惯，对文学也越来越有修养。酒舅每天陪着他父亲读书写字，练出一手柔美的书法，这一点，村子里的人做梦都没有想到。

去年，酒舅去中国旅行，在内地参加了一个旅游团，团体有广东省杂志的记者和澳大利亚的撰稿人及摄影师。

起初，大家认为酒舅是个南洋生番，样子又老土，都不大看得起他。

一坐下来吃饭时，酒舅看到什么地方的人就用什么方言相谈。

"你会说几种话？"广东记者听了好奇地问。

"会说一点广东话、客家话、福建话，还有潮州话……"酒舅轻描淡写地用标准的普通话回答说，"不过，这些只是方言。"

澳大利亚人前来搭讪，酒舅的英语更像"机关枪"。当然，他还没有机会表演他的马来语和印度话。

每到一处古迹，酒舅更如数家珍。

他父亲的教导，并没有白费，比当地的导游更胜一筹，令众人惊讶不已，事事物物都要向酒舅探询。

过后，《广东画报》有两三页的图文报道，称酒舅为罕见的南洋史学家及语言学家。酒舅读后，笑得从椅子上掉下来。

人生配额

倪匡兄说他不饮酒，不是戒酒，而是喝酒的配额已经用完。

老人家也常劝道："一生人能吃多少饭是注定的，所以一粒米也不能浪费，要不然，到老了就要挨饿。"

以寓言式的道理来吓唬儿童，养成他们节约的习惯，这不能说是坏事。

最荒唐的是，你一生能来几次也是注定的，年轻时纵欲，年纪大了配额用完就不行了！

哈哈，这种事，全靠体力，不趁年轻时做，七老八十，过什么瘾？

如果能透支，那么赶快透支吧！

要是旅行也有配额的话，也应该和性一样先用完它。年轻人背了背囊到处走，天不怕地不怕，袋子少几个钱也不要紧。先见识，结交天下朋友，脚力又好，腰力也不错，走走多好！

年纪一大，出门时定带几张金卡，住五星酒店。但是已不能每一个角落都去，拍回来的照片都是明信片上看过的风景。

大鱼大肉的配额也非早点用完不可。到用假牙时，怎么去啃骨头旁边的肉？怎么去咬牛腿上的筋？怎么去剥甘蔗上的皮？

老了之后粗茶淡饭，反而对健康有益。

在床上睡觉更是能睡多少是多少。老头到处都打瞌睡，车上、沙发上、饭桌上，但是一看到床，就睡不着，这个配额绝对用不完。

我一直认为人体中有个天生的刹车掣，等到器官老化不能接受某些东西的时候，自然便会减少。倪匡的酒也是一样的。他并非用完配额，而是身体已经不需要酒精。

这些日子以来，我自己的酒也喝得比以前少得多，觉得是很正常的。我的肝脏已经告诉我，喝得太多不舒服。而不舒服，是我最讨厌的，尽量去避免，不喝太多的酒，不算是一个很大的代价。

烟也少抽了，绝对不是因为反吸烟分子的劝告，他们硬要叫我戒烟，我会听从的话，那是来世才能发生的事。

白兰地酒一少喝，身体上需要大量的糖来补充失去的。

倪匡一不喝酒，大嚼吉百利巧克力和 Mars 糖棒。一箱箱地由批发商处购买，满屋子是糖果。

我也一样，从前是绝对不碰一点点甜东西，近来也能接受一点水果。有时看到诱人的意大利雪糕，一吃就是三磅（约合一点四千克）。

那么胆固醇有没有配额呢？当然没有啦！在不懂得什么叫作胆固醇的贫苦六十年代，猪油淋饭，加上老抽，已是多么大的一个享受！

而且，胆固醇也分好坏，自己吃的一定是好的胆固醇。

年轻时，看到肥肉就怕，偶尔给老人家夹一块放在饭上，瞪了老半天，死都不肯吃下去。现在看到炖得好的元蹄，上桌时肥肉还像舞蹈家一般地摇来摇去跳动，口水直流，不吃怎么能对得起老祖宗？

胃口随着年龄变化，老了之后还怕胆固醇真笨，现在的配额，取之无穷，用之不尽，快点吃肥肉去吧。

那么因为胆固醇太高，得心脏病怎么办？

肥肉有配额的话，寿命也有配额。阎罗王叫你三更死，你也活不过五更。

因为胆固醇过高而去世的人，也是注定要死的呀！白饭就没有胆固醇了吧！白饭吃太多也会噎死人的呀！

"最怕是你死不了，生场大病拖死别人倒是真的！"老婆大人狂吼。

迷信配额，应该连生病也迷信才对。

儿女一生下来，赶快叫他们来场大病，那么长大之后，生病的配额用光，什么淋巴腺癌、食道癌、鼻癌、胃癌、肝癌就不会生了。老婆大人，您说是不是？

穿的、用的、住的、行的都有配额？即使我这么相信，那么思想绝对没有配额了吧？

各种配额能用完，思想配额将会越储蓄越精彩。所谓思想储蓄，是把你美好的时光记下：印度的泰姬陵、埃及的金字塔，威尼斯、伦敦、巴黎、纽约和香港，都是丰富的储蓄，还有数不尽的佳酿，还有抱不完的美人。只有在生命终结时，思想的储蓄才会消失。

到了那个关头，病也好，老也好，带着微笑走吧。哪儿会想到什么胆固醇？

身外物、体中神，一切能够想象的配额，莫过于悲和喜。

生了出来，从幼儿园开始被老师管教，做事被大家打小报告，老婆的管束，养育子女的经济压力，等等，我们做人，绝对是悲哀多过欢乐。

虽然，中间有电子游戏机或木头做的马车带来一点点调剂。还有，别忘了，那么过瘾的性生活！除此之外，我想不到做人有任何太过值得庆幸的事了。

把悲和喜放在天平上，我们被悲哀玩弄得太尽兴！如果人生真的有配额，那么我们的死，一定是大笑而死的！

第四章

就算全世界都与你为敌，

好吃的永远站在你这一边

喜欢吃东西的人，基本上都有一种好奇心

有个聚会要我去演讲，指定要一篇讲义，主题说吃。我一向没有稿就上台，正感麻烦。后来想想，也好，作一篇，今后再有人邀请就把稿交上，由旁人去念。

女士们、先生们：

吃，是一种很个性化的行为。什么东西最好吃？妈妈的菜最好吃。这是肯定的。你从小吃过什么？这个印象就深深地烙在你脑里，永远是最好的，也永远是找不回来的。

老家前面有棵树，好大。长大了再回去看，不是那么高嘛，道理是一样的。当然，目前的食物已是人工培养，也有关系。怎么难吃也好，东方人去外国旅行，西餐一个礼拜吃下来，也想去一间蹩脚的中餐厅吃碗白饭。洋人来到我们这里，每天鲍参翅肚，最后还是发现他们躲在快餐店啃面包。

有时，我们吃的不是食物，是一种习惯，也是一种乡愁。一个人懂不懂得吃，也是天生的。遗传基因决定了他们对吃没有什么兴趣的话，那么一切只是养活他们的饲料。我见过一对夫妇，每天以即食面维生。

喜欢吃东西的人，基本上都有一种好奇心。什么都想试试看，慢慢

地就变成一个懂得欣赏食物的人。对食物的喜恶大家都不一样，但是不想吃的东西你试过了没有？好吃，不好吃？试过了之后才有资格判断。没吃过你怎知道不好吃？吃，也是一种学问。这句话太辣，说了，很抽象。爱看书的人，除了《三国演义》《水浒传》《红楼梦》，也会接触希腊的神话、拜伦的诗、莎士比亚的戏剧。

我们喜欢吃东西的人，当然也须尝遍亚洲、欧洲和非洲的佳肴。吃的文化，是交朋友最好的武器。你和宁波人谈起蟹糊、黄泥螺、臭冬瓜，他们大为兴奋。你和香港人讲到云吞面，他们一定知道哪一档最好吃。你和台湾人的话题，也离不开蚵仔面线、卤肉饭和贡丸。一提起火腿，西班牙人双手握指，放在嘴边深吻一下，大声叫出：mmmmm。

顺德人最爱谈吃了。你和他们一聊，不管天南地北，都扯到食物上面，说什么他们妈妈做的鱼皮饺天下最好。政府派了一个干部到顺德去，顺德人和他讲吃，他一提政治，顺德人又说鱼皮饺，最后干部也变成了老饕。

全世界的东西都给你尝遍了，哪一种最好吃？笑话。怎么尝得遍？看地图，那么多的小镇，再做三辈子的人也没办法走完。有些菜名，听都没听过。对于这种问题，我多数回答："和女朋友吃的东西最好吃。"

的确，伴侣很重要，心情也影响一切，身体状况更能决定眼前的美食吞不吞得下去。和女朋友吃的最好，绝对不是敷衍。谈到吃，离不开喝。喝，同样是很个人化的。北方人所好的白酒、二锅头、五粮液之类，那股味道，喝了藏在身体中久久不散。他们说什么白兰地、威士忌都比不上，我就最怕了。洋人爱的餐酒我只懂得一点皮毛，反正好与坏，凭自己的感觉，绝对别去扮专家。一扮，迟早露出马脚。

应该是绍兴酒最好喝，刚刚从绍兴回来，在街边喝到一瓶八块人民币的"太雕",远好过什么八年、十年、三十年。但是最好最好的还是香港"天香楼"的。好在哪里?好在他们懂得把老的酒和新的酒调配,这种技术内地还学不到,尽管老的绍兴酒他们多的是。我帮过法国最著名的红酒厂厂主去试"天香楼"的"绍兴",他们喝完惊叹东方也有那么醇的酒,这都是他们从前没喝过之故。

老店能生存下去,一定有它们的道理,西方的一些食材铺子,如果经过了非进去买些东西不可。像米兰的 IL Salumaio 的香肠和橄榄油,巴黎的 Fanchon 面包和鹅肝酱,伦敦的 Forthum & Mason 果酱和红茶,布鲁塞尔 Godiva 的朱古力,等等。鱼子酱还是伊朗的比俄罗斯的好,因为抓到一条鲟鱼,要在二十分钟之内打开肚子取出鱼子。上盐,太多了过咸,少了会坏,这种技术,也只剩下伊朗的几位老匠人会做。

但也不一定是最贵的食物最好吃,豆芽炒豆卜,还是很高的境界。意大利人也许说是一块薄饼。我在那波里(那不勒斯)也试过,上面什么材料也没有,只是一点番茄酱和芝士,真是好吃得要命。有些东西,还是从最难吃中变为最好吃的,像日本的所谓什么中华料理的韭菜炒猪肝,当年认为是咽不下去的东西,当今回到东京,常去找来吃。

我喜欢吃,但嘴绝不刁。如果多走几步可以找到更好的,我当然肯花这些工夫。附近有家藐视客人胃口的快餐店,那么我宁愿这一顿不吃,也饿不死我。

"你真会吃东西!"友人说。不,我不懂得吃,我只会比较。有些餐厅老板逼我赞美他们的食物,我只能说:"我吃过更好的。"但是,我所谓的"更好",真正的老饕看在眼里,笑我旁若无人也。

谢谢大家。

有面的陪伴，寡淡的日子也变得温暖

南方人很少像我这么爱吃面吧？三百六十五日，天天食之，也不厌，名副其实的一个面痴。

面分多种，喜欢的程度有别，从顺序算来，我认为第一是广东又细又爽的云吞面条，第二是福建油面，第三是兰州拉面，第四是上海面，第五是日本拉面，第六是意大利面，第七是韩国番薯面。而日本人最爱的荞麦面，我最讨厌。

一下子不能聊那么多种，集中精神谈吃法，分为汤面和干面。两种来选，我还是喜欢后者。一向认为面条一浸在汤中，就逊色得多；干捞来吃，下点猪油和酱油，最原汁原味了。面渌熟（粤语，"烫熟"）了捞起来，加配料和不同的酱汁，搅匀之，就是拌面了。捞面和拌面，皆为我最喜欢的吃法。

广东的捞面，什么配料也没有，只有几条最基本的姜丝和葱丝的，被称为姜葱捞面，我最常吃。接下来豪华一点，有点叉烧片或叉烧丝，也喜欢。捞面变化诸多，以柱侯酱的牛腩捞面、甜面酱和猪肉的京都炸酱面为代表，其他有猪手捞面、鱼蛋牛丸捞面、牛百叶捞面等，数之不清。

有些人吃捞面的时候，吩咐说要粗面，我反过来要叮咛，给我一碟细面。广东人做的细面是用面粉和鸡蛋搓捏，又加点碱水，制面者以一杆粗竹，在面团上压了又压，才够弹性，用的是阴力，和机器打出来的不同。

碱水有股味道，讨厌的人说成是尿味，但像我这种喜欢的，面不加碱水就觉得不好吃，所以爱吃广东云吞面的人，多数也会接受日本拉面的，两者都下了碱水。

北方人的凉面和拌面，基本上像捞面。虽然他们的面条不加碱水，缺乏弹性，又不加鸡蛋，本身无味，但经酱汁和配料调和，味道也不错。最普通的是麻酱凉面，面条渌熟后垫底，上面铺黄瓜丝、胡萝卜丝、豆芽，再淋芝麻酱、酱油、醋、糖及麻油，最后还要撒上芝麻当点缀。把配料和面条拌了起来，夏天吃，的确美味。

日本人把这道凉面学了过去，面条用他们的拉面，配料略同，添多点西洋火腿丝和鸡蛋，加大量的醋和糖，酸味和甜味很重，吃时还要加黄色芥末调拌，我也喜欢。

初尝北方炸酱面，即刻爱上。当年是在韩国吃的，那里的华侨开的餐厅都卖炸酱面，叫了一碗就从厨房传来砰砰的面声，拉长渌后在面上下点洋葱和青瓜，以及大量的山东面酱，就此而已。当今物资丰富，其他地方的炸酱面加了海参角和肉碎肉臊等，但都没有那种原始炸酱面好吃，此面也分热的和冷的，基本上是没汤的拌面。

四川的担担面我也中意，我在南洋长大，吃辣没问题，担担面应该是辣的，传到各地像把它阉了，缺少了强烈的辣，只下大量的花生酱，就没那么好吃。每一家做的都不同，有汤的和没汤的，我认为干捞拌面的担担面才是正宗，不知说得对不对。

意大利的所谓"意粉"，那个"粉"字应该是面才对。他们的拌面煮得半生不熟，要有咬头才算合格。到了意大利当然学他们那么吃，可是在外地做就别那么虐待自己，面条煮到你喜欢的软熟度便可。天使面最像广东细面，酱汁较易入味。

最好的是用一块大庞马山芝士，像餐厅厨房中的那块又圆又大又厚的砧板，中间的芝士被刨去作其他用途，凹了进去，把面渌好，放进芝士中，乱捞乱拌，弄出来的面非常好吃。

至于韩国的冷面，分两种，一是浸在汤水之中，加冰块的番薯面，上面也铺了几片牛肉和青瓜，没什么味道，只有韩国人特别喜爱，他们还说朝鲜的冷面比韩国的更好吃。我喜欢的是他们的捞面，用辣椒酱来拌，也下很多花生酱，香香辣辣，刺激得很，吃过才知好，会上瘾的。

南洋人喜欢的，是黄颜色的粗油面，也有和香港云吞面一样的细面，但味道不同，自成一格。马来西亚人做的捞面下黑漆漆的酱油，本身非常美味，但近年来模仿香港面条，愈学愈糟糕，样子和味道都不像，反而难吃。

我不但喜欢吃面，连关于面食的书也买，一本不漏。最近购入一本程安琪写的《凉面与拌面》，内容分中式风味、日式风味、韩式风味、意式风味和南洋风味。最后一部分，把南洋人做的凉拌海鲜面、椰汁咖喱鸡拌面、酸辣拌面、牛肉拌粿条等也写了进去，实在可笑。

天气热，各地都推出凉面，作者以为南洋人也吃，岂不知南洋虽热，但所有小吃都是热的，除了红豆冰之外，冷的东西是不去碰的。而天冷的地方，像韩国，冷面也是冬天吃的，坐在热烘烘的炕上，全身滚热，来一碗凉面，吞进胃，听到吱的一声，好不舒服。但像我这种面痴，只要有面吃就行，哪儿管在冬天夏天呢。

这样吃虾，才是人生最大的乐趣

儿时的记忆，虾是一种很高贵的食材，近乎鲍参翅肚，一年之中，能尝到几次，已算幸福。虾的口感是爽脆的、弹牙的，肉清甜无比，味也不腥，独有的香气，是别的生物所无。吃虾是人生最大享受之一，直到养殖虾的出现。

忽然之间，虾变得没有了味道，只留形状。冰冻的虾，价钱甚为便宜；即使是活的，也不贵，你我都轻易买到。曾见一群少年，在旺角街市购入活虾，放进碟子，拿到7-11便利店的微波炉叮它一叮，剥壳即食，也不过是十几块港币。向他们要了一尾试试，全无虾味，如嚼发泡胶。

四十多年前在台北华西街的"台南担仔面"高贵海鲜店中，看到邻桌叫的大尾草虾，煮熟后颜色红得鲜艳，即要一客试试，一点味道也没有，完全是大量养殖生产之祸。

六十年代中，游客来到香港，吃海鲜时先上一碟白灼虾，点葱丝和辣椒丝酱油，大叫天下美味。当今所有餐桌上都不见此道菜，无他，不好吃嘛。

香港渔商发现养殖虾的不足，弄个半养半野生，围起栏来饲大的，叫作"基围虾"。初试还有点甜味，后来也因只是用麦麸或粟米等饲料，愈弄愈淡，基围虾从此也消失了。

到餐厅去，叫一碟芙蓉炒蛋，看见里面的虾，不但是冷冻的，还用苏打粉发过，身体带透明状，剩下一口药味，更是恐怖。从前香港海域的龙虾，颜色碧绿，巨大无比，非常香甜。只要不烹调得过老，怎么炮制都行。当今看到的多由大洋洲或非洲进口，一吃就知道肉粗糙、味全失。削来当刺身还吃得过，经过一炒，就完蛋了。有两只大钳子的波士顿龙虾，肉质虽劣，但不是饲养，拿来煲豆腐和大芥菜汤，还是一流的。

当今我吃虾，务必求野生的，曾经沧海难为水，养殖的，宁愿吃白饭下咸萝卜，也不去碰。在日本能吃到最多野生虾，寿司店里，叫一声"踊"（odori），跳舞的意思，大师傅就从水缸中掏出一匹大的"车虾"（Kuruma Ebi），剥了壳让你生吃，肉还会动，故称之。

北海道有更多的品种，最普通的是"甘虾"（Ama Ebi），日本人不会用"甜"字，只以"甘"代之，顾名思义，的确很甜很甜。大的甜虾，叫"牡丹虾"（Botan Ebi），唥唥是肉。比牡丹虾更美味的，叫"紫虾"（Murasaki Ebi），可遇不可求。皆为生吃较佳。

他们称虾为"海老"，又名"衣比"。虾身长，腰曲，像长寿的老人，故名之。"海老"也有庆祝的意思，所有庆典或新年的料理中，一定有一只龙虾，龙虾是生长在伊势湾的品种最好，龙虾在日本被叫成"伊势海老"（Ese Ebi）。

"虾蛄"是潮州语，琵琶虾的意思，但在日文中作赖尿虾。赖尿虾是因为一被捕捉，飙出一道尿来而得名的，甚为不雅，它的味甘美，有膏时背上全是卵，非常好吃。有双螯，像螳螂，其实应该根据英文

Mantis Shrimp，叫为螳螂虾更为适合。大只的赖尿虾，从前由泰国输入，已捕捉得快要绝种，当今一般所谓避风塘料理用的大赖尿虾，多数由马来西亚运到，半养殖，可是肉还是鲜甜的。

旧时的寿司店中，还出现一盒盒的"虾蛄爪"（Shyako No Tsume），用人工把虾爪的壳剥开，取出那么一丁点的肉，排于木盒中，用匙舀了，包在紫菜中吃，才不会散，吃巧多过吃饱，当今人工渐贵，此物已濒临绝种。

潮州人的虾蛄，日人称为"团扇海老"（Uchiwa Ebi），粤人叫琵琶虾，虾头充满膏时，单吃膏，肉弃之。

细小如浮游动物的，是"樱虾"（Sakura Ebi），因体肉色素丰富，一煮熟变为赤红，样子像飘落在地面的樱花，这种虾在台湾的东港也能大量捕捞。

比樱虾更小的是日人叫作"酱虾"（Ami）的虾毛（粤语，"极小的虾"），样子像虾卵，吃起来没有飞鱼子（一般误解为蟹子）那么爽脆，但也鲜甜，多数是用盐制为下酒菜。

上述的都是海水虾，淡水的有我们最熟悉的河虾，齐白石先生常画的那种，有两支很长的螯。河流没被污染之前可以生吃，上海人叫"抢虾"，装入大碗中，用碟当盖，下玫瑰露，上下摇动数次，把盖打开，点南乳酱，就那么活生生地抓来吃，天下美味也。

另有法国人喜欢吃的淡水小龙虾（Scampi）和更小、壳更硬的澳大利亚小龙虾（Yabby），都没中国河虾的美味。上海的油爆虾用的是河虾，是不朽的名菜。

中国种龙虾，英文叫Clayfish，他们认为有虾钳的，才能叫为

lobster。至于普通的虾,有prawn和shrimp两个名字,前者是英国人用的,后者是美国人用的。

这么多虾中,问我最好吃的是哪一种,我毫不犹豫地回答,是地中海的野生虾。品种不同,一出水面即死,冰冻了运到各地,头已发黑,样子难看,但一吃进口,哎呀呀,才知其香其甜。一碟意大利粉,有几只这种虾来拌,真能吃出地中海海水味,绝品也。

秋天，是吃鲤鱼的最好季节

　　秋天到，是吃鲤鱼的时候了。香港人虽说喜欢吃游水鱼，但对活鲤却而恭之，认为不是海鱼，有泥土味，又传说鲤鱼有毒，对孕妇不宜，更加没什么人去碰，菜市场中也罕见了。

　　一向听老人家说肇庆的鲤鱼最好，没试过，直到六十年代末期，在"裕华国货"的食物部看到一尾，貌无奇，身略瘦，也买回来养。烹调时肚子一剖，鱼卵涌了出来，至少有整尾鱼的三分之二的重量，才知厉害。清蒸，肉香甜无比，肇庆鲤鱼实在好吃。在餐厅吃鲤鱼，若卖的是死的，那么鳞蒸出来后扁平，鳞竖起，才是生剖的，不可不知。

　　鲤鱼喜欢沉于江底或湖底，吃水草时带泥，洋人亦称为"吃底的"（Bottom Feeders），大家都以有泥味而远之。其实它生命力很强，食前养个三天不会死，泥味尽失。

　　古代中国人最尊敬鲤鱼，认为可以变龙。黄河鲤最佳，只指今河南这一段的鲤鱼，它冬眠前要大量进食，最为肥美。为什么叫"鲤"呢？李时珍考："鲤鳞有十字文理，故名鲤。"鲤鱼脊中一道鳞，皆为小黑点，从头到尾，不管鱼多大，都是三十六鳞，是它独特之处。

友人到了日本，见少吃淡水鱼的日人，也会把鲤鱼做刺身，起肉片片，扔于冰水之中，让肉结实，叫为"鲤洗"（Koi No Arai），大为惊奇。其实，日本人只是把中国人吃鱼生的传统保留下来罢了。古人食鲤，刚开始时用于作脍，《诗经》有云："饮御诸友，炰鳖脍鲤。"脍，就是吃生鱼片了。可惜，这一门艺术，至今已消失得无影无踪，就算最拿手做鱼生的潮州人，也只用鲩鱼。鲤鱼刺身，只可跑到日本去吃。

也别以为洋人不会吃鲤鱼，有水稻田的地方就生长鲤，最粗糙的吃法是去了鳞，斩成一段段，油炸算数。还是意大利人较有文化，在米兰到威尼斯之间，最肥沃的水田中抓到活鲤，就把米塞进鱼肚中，再煮熟来吃，其味极之鲜甜，为人生必尝之美食之一。

当今，法国普罗旺斯一带的湖泊中，也生了很多鲤鱼，他们每年举行一次比赛，看什么人钓得最大最多，纪录是一尾十二千克。钓起来后就放生，也不去吃它。法国菜里有关鲤鱼的记载不多。比赛优胜者也没什么奖状，求满足感而已。

鲤鱼到了唐朝，命就好了。唐朝规定人们不准吃鲤，和皇帝姓李有关，唐朝钓得鲤鱼即放，仍不得吃，号赤鱼军公，卖者决六十。决六十，打六十大板之意。宋朝后，鲤鱼又有难了，出了一个宋嫂，很会烧鲤鱼，皇帝吃了赐金钱一百文、绢十匹，此事一传，公子哥互相争之。"宋嫂鱼羹"后来被厨子做得愈来愈复杂，最初不过是用旺火灼过，后以慢火煮三四分钟，保持鱼本身的鲜味罢了。

粤人吃的显然只是湖鲤，并无长江跳龙门那么活跃，档次不高。做法也只是姜葱焗鲤之一类。所谓焗，是炸后再焖，鱼给他们那么一"焗"，鲜味就减少了。还是北方人把鲤鱼和萝卜滚汤，比较能吃到原汁原味。

潮州人较能欣赏鲤鱼，通常他们认为要辟去鲤鱼的泥味，可用腌制得软熟的酸梅，蒸鲤鱼的时候，把酸梅铺在鱼上，煮汤时也加入酸梅，过年必食。

肉是其次，潮州人注重吃鱼子。广东人管卵子叫"春"，精子叫"获"。潮州人认为精子较卵子好吃。试过之后，觉得二者都有独特的味道，精子香甜之余，有如丝似绵的口感，犹胜猪脑；卵子略嫌粗糙，亦好吃，可称得上是穷人之鱼子酱也。

四川人也很会吃鲤鱼，他们用豆瓣酱来煮。鲤鱼生性逆水而上，肉中有筋，而筋特别坚韧，四川人懂得在削鲤鱼时把筋抽掉，肉就松化，是烹鲤高手。馆子一遇到熟客，见削的鱼只有卵子，就把邻桌叫的精子偷来给你一份，精卵同碟上，这世界并没有公平的事。

鲤鱼的吃法变化无穷，有所谓吃"软溜"的，鱼先用油浸，再和配料用糖醋一起猛火收汁，使鱼肉软如豆腐，味道甜中带酸、酸中透咸。鱼肠、鱼肝和鱼鳔也可一齐炒，叫为"佩羹"。腐烂的吃法是用酒糟腌制，此法在日本琵琶湖边还流传着。

最残忍的没试过，只是听闻，古时开封有个厨子，用一块黄色的蛋丝包裹鲤鱼，油炸鱼身时淋上浆，使蛋丝不离鱼，鱼不离蛋丝。上桌，鱼鳃动而张嘴，菜名叫"金网锁黄龙"，名字可美，但愿此君到了地府，遭阎罗王拔舌，为鲤鱼报仇。

印度尼西亚人在湖边搭了间茅屋，任客人挑选鲤鱼，金色的和红白相间的，多的是，照吃不误，做法是油炸两次，炸到骨头全部松化，点辣椒酱来吃，香甜无比。每次经过日本人的锦鲤鱼池，都想起印度尼西亚吃法，恨不得都炸来吃，被骂为野人一名，也笑嘻嘻。

热爱生活的人，一定要吃顿丰富的早餐

　　热爱生命的人，一定早起，像小鸟一样。他们得到的报酬，是一顿又好吃又丰富的早餐。

　　什么叫作好？很主观化。你小时候吃过什么，什么就是最好。豆浆油条非我所好，只能偶尔食之。因为我是南方人，粥也不是我爱吃的。我的奶妈从小告诉我："要吃，就吃饭，粥是吃不饱的。"奶妈在农村长大，当年很少吃过一顿饱饭。从此，我对早餐的印象，一定要有个"饱"字。

　　后来，干电影工作，和大队一起出外景，如果早餐吃不饱，到了十一点钟整个人已饿昏，更养成习惯，早餐是我生命中最重要的一项食物。

　　进食时，很多人不喜欢和我搭台坐，我叫的食物太多，引起他们侧目之故，一个我心目中的早餐包括八种点心：虾饺、烧卖、鸡杂、萝卜糕、肠粉、鲮鱼球、粉粿、叉烧包，另外一盅排骨饭，一个人吃个精光。偶尔来四两干蒸（干蒸烧卖，粤语简称"干蒸"），时常连灌两壶浓普洱。

　　在香港，从前早餐的选择极多，人生改善后，大家迟起身，可去的地方愈来愈少。代表性的有中环的"陆羽茶室"饮茶，永远有那么高的水平，一直是那么贵；上环的"生记"吃粥，材料的搭配变化无穷，不像吃粥，像一顿大菜，价钱很合理。

九龙城街市的三楼，可从每个摊子各叫一些，再从其他地方斩些刚烤好的烧肉和刚煮好的盅饭。友人吃过，都说不是早餐，是食物的饮宴。

把香港当中心点，画个圆圈，距离两小时的有广州，"白天鹅酒店"的饮茶一流，做的烧卖可以看到一粒粒的肉，不是机器磨出来的。台北的，则是街道的切仔面。

远一点距离四小时的，在新加坡可以吃到马来西亚人做的椰浆饭（Nasi Lemak），非常可口。吉隆坡附近巴里小镇的肉骨茶，吃了一次，从此上瘾。

日本人典型的早餐也吃白饭，一片烧鲑鱼、一碗味噌汤，并不丰富。宁愿跑到二十四小时营业的"吉野家"吃一大碗牛肉饭。在东京的筑地鱼市场可吃到"井上"的拉面和"大寿"的鱼生。小店里老人家在喝酒，一看表，大清晨五点多，我问道："喂，老头，你一大早就喝酒？"他瞄了我一眼："喂，年轻的，你要到晚上才喝酒？"生活时段不同，习惯各异。我的早餐，是他的晚饭。

爱喝酒的人，在韩国吃早餐最幸福，他们有一种叫"解肠汁"的，把猪内脏熬足七八小时，加进白饭拌着吃，宿醉即刻被它医好。还有一种奶白色的叫"雪浓汤"，天冷时特别暖胃。

再把圆圈画大，在欧洲最乏味的莫过于酒店供应的"内地早餐"了，一个面包，茶或咖啡，就此而已，冲出去吧！到了菜市场，一定找到异国情怀。

问酒店的服务部拿了当地菜市场的地址，跳上的士，目的地到达。

在布达佩斯的菜市场里，可买到一条巨大的香肠，小贩摊子上单单芥末就有十多种选择，用报纸包起，一面散步一面吃，还可以买一个又大又甜的灯笼椒当水果，加起来才一美元。

纽约的"富尔顿"菜市场中卖着刚炸好的鲜虾，绝对不逊日本人的天妇罗，比吃什么"美国早餐"好得多——和"中式早餐"的不同，只是加了一个炒蛋，最无吃头。当然，纽约像欧洲，不是美国，所以才有此种享受。卖的地方若只有炒蛋和面包，宁愿躲在酒店房吃一碗方便面。

回到家里，因为我是个面痴，如果一星期不出门，可做七种面食当早餐。星期一，最普通的云吞面，前一天买了几团银丝蛋面再来几张云吞皮，自己选料包好云吞，渌面吃，再用菜心灼一碟蚝油菜薹。

星期二，福建炒面，用粗黄的油面来炒，加大量上汤煨，一面炒一面撒大地鱼粉末，添黑色酱油。

星期三，干烧伊面，伊面先出水，备用，炒个你自己喜欢吃的小菜，但要留下很多菜汁，让伊面吸取。

星期四，猪手捞面，前一个晚上红烧了一锅猪手，最好熬至皮和肉差那么一点点就要脱骨的程度，再用大量浓汁来捞面条。

星期五，泰式街边"玛面"，买泰国细面条渌好，加各种配料，鱼饼片、鱼蛋、叉烧、炸云吞、肉碎，淋上大量的鱼露和指天椒碎食之。

星期六，简单一点来个虾酱面，用黑面酱爆香肉碎，黄瓜切条拌之，一面吃面一面咬大葱。

星期天，把冰箱中吃剩的原料，统统像吃火锅一样放进锅中灼熟，加入面条。

印象最深的早餐之一，是汕头"金海湾酒店"为我安排的，到菜市场买潮州人送粥的小点咸酸甜，一共一百种，放满整张桌子，看到时已哇哇大叫。

之二，在云南昆明的酒店里，摆一长桌，上面都是菜市场买到当天早上刚刚采下的各种野菇，用山瑞熬成汤底，菇类即灼即食，最后那碗汤香甜到极点。

一边托住蟹的尊贵，一边享受它的美味

通常，用一种食材，做出种种不同的菜，都叫什么什么宴的，但以螃蟹入馔，蟹宴的称呼似乎不够，应该用三天三夜也吃不完的满汉全席来形容，叫为"蟹满汉"。

从凉菜算起，北海道的大师傅把一只大蟹钳的壳剥了，用快刀左横切数十刀，右横切数十刀，放入冰水，蟹肉就像花一样展开，最后工夫，燃了喷火枪在表面上略微烧一烧，就可上桌。肉半生熟，点山葵和酱油吃，是天下美味。

潮州人的冻蟹，原只清蒸后摊冻（粤语，"放凉"），没有其他调味，鲜甜味觉也表露无遗。

醉蟹是上海的传统名菜，把活生生的大闸蟹浸在花雕酒里，味渗入蟹膏，那种甘香醇美是煮熟的蟹中找不到的。当今的新派上海菜，加了话梅、红枣和花椒，浸个五天，什么蟹味酒味香味都没了。

还是我母亲的醉蟹做得好，她早上到市场买了两只最肥美的青蟹，回家洗净劏开，去了内脏，斩成六件，蟹钳用刀背拍碎，然后倒入三分之一瓶的酱油，兑一半盐水，加一小杯白兰地，和大蒜瓣、辣椒一齐生

浸到晚上，就能吃了。上桌前把糖花生拍磨成末撒上，再淋白米醋，甜酸辣香，是最完美的醉蟹。

法国人的海鲜盘中，冰上放的泥蟹是煮熟的，但味道不像中国人批评那样失掉，还是很鲜甜。有时也会碰上全身是膏，连蟹脚也有黄的西洋黄油蟹呢。

更多的冷蟹吃法，已不能一一细数，我们要进入蒸的阶段了。大闸蟹是所有螃蟹之中拥有最强烈的滋味的，清蒸黄油蟹也卖得很贵，但便宜的澳门特产的奄仔蟹也很不错。各有各的爱好，不能说谁比谁更佳。

新派菜中的蟹黄蒸蛋白，雪白的蛋白上，铺了蟹膏，一橙一白鲜明亮丽，叫人赏心悦目。但是两者完全不能结合，蛋白是蛋白，蟹膏是蟹膏，就算渗着来吃也是貌合神离。建议年轻师傅把蟹肉拆了混进蛋白中，反正两者都是白色，不影响色调，就能配合得天衣无缝。冬瓜蒸蟹钳是懒惰人的吃法，虽说啖啖肉，但吃螃蟹全不费工夫，味道也跟着减少，不如干脆去吃蟹粉小笼包吧！

蒸螃蟹还有另一境界，那就是台南人做的红蟳蒸饭。蟳，闽语蟹的叫法。这道菜也许是福建传来的，蒸笼底铺上荷叶，糯米和蒜蓉上面放一只膏蟹，蒸得蟹汁全流入干爽不黏口的糯米饭中，加上荷香，百食不厌。

泰国的螃蟹粉丝煲有异曲同工的效果。吃起来，粉丝比蟹肉更美味。

煲完，轮到炆了。很奇怪，苦瓜和螃蟹配合得极佳。一般的粤菜馆喜欢加很厚的芡，看了就讨厌。而且他们有时竟将苦瓜煮过再去和炸煮的螃蟹炆，苦瓜软得溶化看不见，蟹炸得无味，更是大忌。烧这道菜的功夫在于苦瓜和螃蟹一起炒，再拿去炆。苦瓜选厚身的，才不那么容易炆烂。

炆完，轮到焗。蟹斩件，加鸡蛋、肥猪肉、芫荽、葱和陈皮一齐放入钵内，蒸个八成熟，再用烈火将外层烧到略焦，是东莞的名菜。洋人只会做焗蟹壳，把肉拆了，混粉，装入蟹壳中焗出或油炸，已认为是烹调螃蟹的大变化。这道菜又被二三流厨子滥做，当今见到，怕怕。

谈到炸，是一门很高深的学问。什么叫作炸？是单纯地把食物由生变熟罢了，不能留下油腻。全日本也只有几家人的天妇罗炸得像样，绝对不是美国人的炸薯仔（粤语，"马铃薯"）条那么简单。把螃蟹炸得出色的，是潮州人的蟹枣，以马蹄和蟹肉当馅，猪网油包之，然后再炸。当今的皮改为腐皮，油为植物的，粉多肉少，已不是食物，沦为饲料了。

螃蟹一瘦，就变成水蟹了，这时用来煲粥，加上白果、腐竹、陈皮和瑶柱更佳。但最重要的是用海蟹而不是淡水蟹，把野生海水青蟹养个几天，让它更瘦更干净，活着入煲煮之，有点残忍，但给会欣赏的人吃了，生命也有个交代。

凡是用蟹来煮的汤都很鲜甜，马赛的布耶佩斯汤也要有螃蟹，螃蟹煮水瓜加点冬菜，也是一绝。

数螃蟹的种类，天下有五千种。铜板大的泽蟹，在居酒屋中炸来整只细嚼，有阵蟹味，聊胜于无。最巨大亚拉斯加蟹，只吃蟹脚，蒸熟后放在炭上烤，让蟹壳的味道熏入肉中，更上一层楼。

我自己最拿手的，是从渔家学到的吃法，最简单不过：弄个铁镬，烧红，蟹壳朝下放入，撒大量粗盐到盖住整只螃蟹为止，猛火焗之。闻蟹香，即可起镬，盐在壳外，肉不会太咸，鲜美无比。

另一个方法是在印度果阿学到的，把蟹肉拆开，加咖喱粉和辣椒、椰浆煮成肉酱，醒胃刺激。

避风塘炒蟹是从"喜记"老板廖喜兄那儿学的，以豆豉为主，蒜蓉次之，配以野生椒干和新鲜指天椒。功力只有廖喜的十分之一。但是我的胡椒蟹可和他匹敌，最重要的是不先油炸，用牛油把螃蟹由生炒至熟，加大量的粗磨黑胡椒炒成。

最受友人欢迎的还是我做的普通的蒸螃蟹，将蟹洗净斩件，放在碟上，蒸个几分钟？看蟹有多肥瘦而定，全靠经验，教不得人，失败数次就成功。秘诀在于蒸好之后淋上几滴刚炸好的猪油。啊，谈来谈去又是猪油。我怎能吃素？做不了和尚也。

叫上一碗牛肉河粉，看能否重温旧梦

天下美食，少不了一碗越南人做的牛肉河粉，他们叫它为"pho"。好吃的牛肉河粉，用汤匙舀一口汤，喝进口，从此上瘾，一生一世，都想追求此种味道。这个说法，一点也不夸张。

初尝牛肉河粉，是数十年前去越南旅行，坐在一间露天餐厅里，远望长堤上越南少女推着脚踏车经过，身上穿着一件像中国旗袍的衣服，丝质，开高衩，但还配了长裤，也是丝质。全身包裹得像一颗粽子，肌肤一点也不外露。

面前的这一碗牛肉河粉，灼得刚刚够熟的生牛肉，色泽有如少女唇部之粉红。河粉纯白米制造，像她们身上的旗袍，如丝似雪。再将这一口汤喝进口，像一场美妙的爱情，已经达到了高潮。从此一经过越南店必进入试食，叫一碗牛肉河粉，看看是否能够重温旧梦。

一次又一次的失望，原因何在？经过战火，连这种最基本的食物也失传了，各地都有模仿，次等的味道，令人沮丧。

小学念书，说越南土地最为肥沃。人世间，也只有越南的稻米一年有四次的收成。当今，越南本土，亦要靠外国输入。一位做木材生意的友人，买通了当地高干，包了一片树林，以为从此发达，岂知运到的树木把电锯都损坏了，原因是木头之中，充满了战争时代打进去的子弹头。闲话少说，到底在什么地方才能找到一碗像样的越南牛肉河粉呢？自己煮行不行？打开烹调书，教你的办法如下：

材料：牛肉六两，河粉十二两，豆芽二两，胡萝卜丝一两，葱粒两粒。汤料：牛腩、牛骨各一斤，香茅两枚，洋葱两个，香叶两片，胡椒粒一茶匙，水十二杯。调味料：盐、鱼露各适量。腌料：鱼露两茶匙，生粉半茶匙，麻油、胡椒粉各少许。

做法：一、将牛骨、牛腩飞水冲干净，然后放入瓦煲之内，加水十二杯。将香茅、洋葱、香叶和胡椒粒放入煲滚，看见汤面有泡沫盛起不要。再慢火煲六小时，隔去汤渣加入调味料即成牛肉上汤。二、牛肉切薄片，加腌料拌匀，豆芽洗干净后沥干水分。三、先将豆芽放碗底，取适量河粉灼熟放在豆芽上面，将牛肉灼至刚熟放在河粉上面，淋上滚牛肉汤，撒上胡萝卜丝和葱粒即成。

完全放屁，一窍不通，看这种菜谱只有害死人，绝对做不出一碗像样的东西来。牛肉河粉有如担担面，各家有各家的做法，从小吃到大，才有经验做出一碗像样的东西。外国人试了几次，就想当大厨？别做梦了！

另外，有很多人以为店里做得出，在家里为什么不能重现？这个观念极为错误。小贩食品，是绝对在家里做不出来的。因为三四碗东西，汤料一定下得不足，店里热的汤，只用一个巨大的桶，几十斤肉，几十斤骨头，甜味方出，而且是天天做、月月做、年年做，累积下来的经验，才能掌握。

算了吧，放弃吧！投降吧！回到越南，找到数十年前的那家小店，吃了全不是味道，全都吃遍也没有一碗像样的。

追求越南粉是一个辛苦的过程。唯有在海外寻找。战后的越南人，有钱的移民到法国，在巴黎市中心的几家高级越南餐馆能找到一点，但并不平民化。他们也不是专卖粉的，当然并不十分正宗。在十三区有很多河粉店，吃了也不满意。

穷一点儿的越南人移民到澳大利亚。找寻完美的越南粉历程，到了终站，是一家叫"勇记"的餐厅，在墨尔本。老板娘四十余岁，风韵犹存，在店里坐镇。她听了我问汤中只熬牛骨和牛肉已经哈哈大笑："牛骨那么腥，怎么喝得进口？"

只告诉我加了鸡骨，但是我怀疑也有鱼骨，煲到完全烂掉，再也看不见，我跑进厨房，只见大量的牛肉挂着待凉。一大桶一大桶的汤，滚了那么久，还是清澈的，相信我再看一百年也看不出道理。

也不单是吃牛腩那一部分，几乎整头牛都可以吃，餐牌上写着牛筋、牛骨、牛丸、牛鞭等的配搭，连牛血也不放过。店里卖的牛血，是用滚得最热的汤去撞出来的，牛血一下子变成软软的个体，汤极鲜，血也当然比豆腐好吃得多。

店里从早到晚挤满客人，连澳大利亚总理来也得等位。尝到数十年前的美味，满足，人亦老矣。

只有用这个方法，才能做出心目中最完美的蛋

　　我这一生之中，最爱吃的，除了豆芽之外，就是蛋了，一直在追求完美的蛋。

　　但是，我却怕蛋黄。这有原因，小时生日，妈妈烚熟了一个鸡蛋，用红纸浸了水把外壳染红，是祝贺的传统。当年有一个蛋吃，已是最高享受。我吃了蛋白，刚要吃蛋黄时，警报响起，日本人来轰炸，双亲急着拉我去防空壕。我不舍得丢下那颗蛋黄，一手抓来吞进喉咙，噎住了，差点噎死，所以长大后看到蛋黄，怕怕。

　　只要不见原形便不要紧，打烂的蛋黄，我一点也不介意，照食之，像炒蛋。说到炒蛋，我们蔡家的做法如下：用一个大铁镬，下油，等到油热得生烟，就把打好的蛋倒进去。事前打蛋时已加了胡椒粉，在炒的时候已没有时间撒了。鸡蛋一下油镬，即搅之，滴几滴鱼露，就要把整个镬提高，离开火焰，不然即老。不必怕蛋还未炒熟，因为铁镬的余热会完成这件工作，这时炒熟的蛋，香味喷出，不必加其他配料。

　　蔡家蛋粥也不赖，先滚了水，撒下一把洗净的虾米熬个汤底，然后将一碗冷饭放下去煮，这时加配料，如鱼片、培根片、猪肉片。猪颈肉

丝代之亦可，或者冰箱里有什么是什么。将芥蓝切丝，丢入粥中，最后加三个蛋，搅成糊状，即成。上桌前滴鱼露、撒胡椒、添天津冬菜，最后加炸香的干红葱片或干蒜茸。

有时煎一个简单的荷包蛋，也见功力。和成龙一齐在西班牙拍戏时，他说他会煎蛋。下油之后，即刻放蛋，马上知道他做的一定不好吃。油未热就下蛋，蛋白一定又硬又老。

煎荷包蛋，功夫愈细愈好。泰国街边小贩用炭炉慢慢煎，煎得蛋白四周发着带焦的小泡，最香了。生活节奏快的都市，都做不到。香港有家叫"三元楼"的，自己农场养鸡生蛋，专选双仁的大蛋来煎，也很特别。

成龙的父亲做的茶叶蛋是一流的，他一煮一大锅，至少有四五十粒，才够我们一群饿鬼吃。茶叶、香料都下得足，酒是用 XO 白兰地，以本伤人。我学了他那一套，到非洲拍饮食电视节目时，当场表演，用的是巨大的鸵鸟蛋，敲碎的蛋壳造成的花纹，像一个花瓶。

到外国旅行，酒店的早餐也少不了蛋，但是多数是无味的。饲养鸡，本来一天生一个蛋，但急功近利，把鸡也给骗了。开了灯当白天，关了当晚上，六小时各一次，一天当两天，让鸡生两次。你说怎会好吃？不管他们的炒蛋或者奄列（Omelette，将不同的材料和打好的蛋一起煎成的蛋卷），味道都淡出鸟来。解决办法，唯有自备一包小酱油，吃外卖寿司配上的那一种，滴上几滴，尚能入喉。更好的，是带一瓶小瓶的生抽，台湾制造的民生牌壶底油精为上选，它带甜味，任何劣等鸡蛋都能变成绝顶美食。

走地鸡的新鲜鸡蛋已罕见，小时听到鸡咯咯一叫，妈妈就把蛋拾起来送到我手中，摸起来还是温暖的，敲一个小洞吸食之。现在想起，那股味道有点恐怖，当年怎么吃得那么津津有味？因为穷吧。穷也有穷的乐趣。热腾腾的白饭，淋上猪油，打一个生鸡蛋，也是绝品。但当今生鸡蛋不知有没有细菌，看日本人早餐时还是用这种吃法，有点心寒。

鹌鹑蛋虽说胆固醇最高，也好吃，香港陆羽茶楼做的点心鹌鹑蛋烧卖，很美味。鸽子蛋煮熟之后蛋白呈半透明，味道也特别好。

由鸭蛋变化出来的咸蛋，要吃就吃蛋黄流出油的那种。我虽然不喜蛋黄，但咸蛋的能接受。放进月饼里，又甜又咸，很难顶（粤语，"很难忍受"），留给别人吃吧。至于皮蛋，则非溏心不可。香港"镛记"的皮蛋，个个溏心，配上甜酸姜片，一流也。

上海人吃熏蛋，蛋白硬，蛋黄还是流质。我不太爱吃，只取蛋白时，蛋黄黏住，感觉不好。台湾人的铁蛋，让年轻人去吃，我咬不动。不过他们做的卤蛋简直是绝了。吃卤肉饭、担仔面时没有那半边卤蛋，逊色得多。

鱼翅不稀奇，桂花翅倒是百食不厌，无他，有鸡蛋嘛。炒桂花翅却不如吃假翅的粉丝。蔡家桂花翅的秘方是把豆芽浸在盐水里，要浸个半小时以上。下猪油，炒豆芽，兜两下，只有五成熟就要离镬。这时把拆好的螃蟹肉、发过的江瑶柱和粉丝炒一炒，打鸡蛋进去，蘸酒、鱼露，再倒入芽菜，即上桌，又是一道好菜，但并非完美。

去南部里昂，找到法国当代最著名的厨师保罗·博古斯，要他表演烧菜拍电视。他已七老八十，久未下厨，向我说："看老友分上，今天破例。好吧，你要我煮什么？""替我弄一个完美的蛋。"我说。保罗抓抓头皮："从来没有人这么要求过我。"

说完，他在架子上拿了一个平底的瓷碟，不大，放咖啡杯的那种。

滴上几滴橄榄油，用一支铁夹子夹着碟，放在火炉上烤，等油热了才下蛋，这一点中西一样。打开蛋壳，分蛋黄和蛋白，蛋黄先下入碟中，略熟，再下蛋白。撒点盐，撒点西洋芫荽碎，把碟子从火炉上拿开，即成。

保罗解释："蛋黄难熟，蛋白易熟，看熟到什么程度，就可以离火了。鸡蛋生熟的喜好，世界上每一个人都不同，只有用这个方法，才能做出你心目中最完美的蛋。"

一餐正宗的澳门菜，吃得心满意足

我们到澳门去拍电视饮食节目，一共两集，监制问我："那么多菜，要怎么分法？""澳门有了外资赌场后，变化极大。不如这样吧，第一集拍所有豪华奢侈的，第二集回归平淡，是从前的澳门留给我的印象。"监制没有意见，随我胡来，但为我安排好一切，这个节目少了她，就没办法拍得那么顺利。

老友周忠师傅给米高梅请去，在新酒店中创办了"金殿堂"餐厅，非捧场不可。他为我们准备了六个菜，埋单盛惠一万三千。

"万寿果"是周忠独创名菜，出现在三十多年前的凯悦酒店中餐厅，万寿果就是木瓜，构想出自冬瓜盅，他将之改为夏威夷木瓜，里面炖的材料和冬瓜盅一样，不过已变成一人一份。最初功夫多，卖不起价钱，我建议加上海胆，他照做，结果大受外国客人欢迎，因为他们都不习惯和别人分来吃。从此香港卷起一阵热潮，中菜成为可以一人份一人份像西餐那么上，我并不赞同这种吃法，但外国友人喜欢，我也没话说。当今这道菜，名字是"云丹海虎翅万寿果"，加入粗大的翅、海胆、松茸等，都是贵货。

"吊烧鹅肝金钱鸡"依古法炮制，本来的金钱鸡是一片鸡肝、一片叉烧夹着一片肥猪肉，豪华版不用肥猪肉了，有钱人都怕胖嘛，就改了一片法国鹅肝和一片鲍鱼菇，叉烧则照旧。"黑松露油泡龙脷球"的主角当然是龙脷，起了肉，将鱼骨整片炸脆来伴碟，龙脷和黑松露一起炒完上碟，其实骨头比肉更好吃。"乌鱼子露笋炒龙虾球"的龙虾也是全只上，但只剩下壳当装饰，肉则和台湾的乌鱼子夹着吃。"葱爆鸡枞菌和牛"顾名思义，是用日本牛肉来炒四川的鸡枞菌。

最后的"官燕珊瑚柴把菇"，主角是中间的那团燕窝，上面加点鱼子酱。珍贵的反而是配角的"柴把菇"，将蔬菜削成长条，再用瓢丝捆绑，像捆着木柴一样，这是古老菜之一，已没人那么有空去做了。

接着拍摄的是喂了三十六个月橡木果的黑蜗牛吧，鱼子酱吧，香槟吧，等等，又有意大利白松露宴。早餐是在我们的套房厅中吃，把整套龙虾火腿都搬了出来，还有鲍鱼，豪华至极。最后当然没有忘记澳门最早的高级法国餐厅"Robuchon"，它仍旧保持那么高的水平。

来澳门拍摄，不去大三巴好像说不过去，但我向监制说："这太过单调了，不如请澳门小姐一齐参加。"女主持苏玉华、Amanda S.和黄宇诗都赞成。"人多了才好玩。"她们说。

主办了那么多届，今年的才算正式，来了冠军吕蓉茵、季军伍家怡和友谊小姐陈小玉。吕蓉茵一直有加入旅游业的志向，她为人亲切和蔼，是干这一行的料。季军伍家怡在竞选时排"七"号，和名字最巧合了。"伍"字和"五"发音一样，中间的"家"字和"加"相同，最后的"怡"字，广东话念成"二"。五加二，刚好是七。友谊小姐陈小玉是舞蹈演员出身，跳得一手非常好的中国古典舞。

"想带我们去哪一家餐厅吃东西？"她们问。我说："有没有去过澳门退休人士协会，吃土生澳门菜？"大家都摇头。

一般人以为澳门菜就是葡萄牙菜，其实大有分别。澳门菜是吸收了葡萄牙菜的做法，加上中国人的口味变化出来。像葡萄牙最著名的烤乳猪，澳门的不只是烧烤那么简单，是在乳猪下面加了饭，饭是用乳猪肉碎和蔬菜加白饭炒个半生熟，再把乳猪放在上面焗出来。乳猪滴下来的油混入饭中，那种美妙的滋味是其他饭难找的，在烹调技巧上，不逊西班牙的海鲜饭（Paella）。

乳猪饭上桌，大家吃得津津有味，三位香港的女主持没吃过，澳门小姐更说这是她们试过的最好一餐。再下来的是咸鱼、猪肉和虾酱一块炆出来的澳门菜，不必亲自试，单单听食材的配合，已知非常惹味（粤语，"非常好吃"）。

"大白焓"就受葡萄牙菜影响极深，用猪皮、肉肠、血肠和大量椰菜煮出来。不同的是澳门做法没那么咸，菜汁可当汤喝，而肉类和蔬菜嫌淡时，就点虾酱吃。澳门人的虾酱是经过发酵的，源自非洲的葡萄牙殖民地，在开普敦有个马来西亚村，也许是马来西亚人把这种吃法带到马六甲，娘惹菜中也有虾酱咸鱼猪肉这道菜。

我们还吃了马介休球、烩牛面珠登、烩鸡饭、肉批、角仔、山椒牛肉、烧肠、咖喱毛茄虾和石蚶，甜品有吞橙蛋糕、无花果大菜糕和经典的米糠布丁。

地道的澳门食肆，还有"兆记"的粥，是用木柴慢火煮出来的，"六记"的锦卤云吞，"祥记"的虾子捞面，"杏香园"的椰汁雪糕红豆西米凉粉甜品，"细龟"的炒河，"李康记"的豆花，"六棉"的酿青椒，等等，也没忘记我最爱去的营地街街市熟食档中的各种美味，和档主们都成了好友，像回到家里吃饭。

澳门一面已经繁华奢侈，另一面还是那么老旧，那么有人情味，虽说物价已经高涨，但我们去的地方最多贵个一两块钱。游客们赌完回去，澳门平民的日子，还是照样要过下去。这句话听起来甚是无奈，但澳门老百姓自得其乐，还是值得欢慰的。

变着花样吃羊肉，温暖整个冬天

这次去北京，主要为中央电视台第一频道录一个农历新年节目，从初一到初七，每天播一集。内容谈的又是饮食，其实讲来讲去，都是一些我发表过的意见，但电视台就是要求重复这个话题，并叫我烧六个菜助兴。

事前沟通过，我认为既然要示范，一定得做些又简单又不会失败的家常菜，太复杂的还是留给真正的餐厅大师傅去表演。

导演詹末小姐上次在青岛做满汉全席比赛的评判时合作过，大家决定第一天烧"大红袍"这道菜，其实和衣服或茶叶无关，只是盐焗蟹，取其形色及吉利。把螃蟹洗净放入铁锅，撒大把粗盐，上锅盖，焗至全红，香味四喷，即成。

第二道是妈妈教的菜，蔡家炒饭。第三道为龙井鸡，用一个深底锅，下面铺甘蔗，鸡全只，抹油盐放入，上面撒龙井，上盖，四十分钟后，鸡碧绿。第四道是煲江瑶柱和萝卜，加一小块瘦肉，煲个四十分钟，江瑶柱甜，萝卜也甜，没有失败的道理。第五道为姜丝煎蛋，让坐月子的太太吃，充满爱心。

第六道编导要求与文学作品有关，红楼宴和水浒餐已先后出笼，故选了金庸先生《射雕英雄传》的"二十四桥明月夜",是黄蓉骗洪七公武功时做的菜,要把豆腐酿在火腿里面。这道菜"铺记"的甘老板和我一起研究后做过,其实也不难,把火腿锯开,挖两个洞,填入豆腐后蒸四五个小时罢了。

一切准备好,开拍的那天还到北京的水产批发市场去买肥大的青蟹及其他材料,然后进摄影厂。化妆间内遇两位主持,一男一女。女的叫孙小梅,多才多艺,拉得一手好小提琴。前一些时候还看到她用英语唱京剧,人长得很漂亮。

男的叫大山,是个洋人,原来这位老兄还是个大腕,常在电视中表演相声,遇到的人都要求和他合照和索取签名。加拿大人的他,说得一口京片子,比我的普通话还要标准。大山在节目中说他一年拜一个师父,去年拜的还是作对联的,今年要拜我作烧菜的师父。我说 OK,不过有个条件,那就是让我拜他作普通话老师。

大家都很专业,录像进行得快,本来预算三天的工作,两天就赶完。电视台安排我们住最近的旅馆,有香格里拉和世纪金源大饭店两个选择。他们说前者已旧了,不如改为后者吧,是新建的,我没住过,试试也好。

世纪金源大饭店位于海淀区板井路上,是个地产商开发的,附近都是他们盖的公寓。酒店本身也像一座座的住宅,又是和我上次住的王府井君悦一样,为弯弯的半月建筑。

补其不足的是地库有个所谓的"不夜城",里面有很大的超市、夜总会、桑拿、足底按摩、的士高舞厅和各类商店,最主要的是有很多很多的特色餐厅,二十四小时营业。

我们抵达那天就第一时间去一家北京小店吃东西,看见一锅锅的骨头，肉不多，用香料煮得热辣辣上桌。菜名叫羊蝎子，与蝎子无关，骨头翘起，像只蝎子的尾巴，故名之。这锅羊肉实在吃得痛快，不够喉（粤语，"还没满足"），还要了白煮羊头、羊杂汤和炒羊肉，等等。来到北京不吃羊，怎说得过去？

当天晚上又去吃羊，同在海淀区，有家出名的涮羊肉店叫"鼎鼎香"，那里有像"满福楼"一样的生切羊腿，不经过雪藏，由内蒙古直接运到，肉质柔软无比，羊膻味恰好，连吃好几碟。又来甲羊圈，全肥的。最后试小羊肉，味道不够，但肉质更软细，吃得大乐。

第三天再跑去不夜城，选家湖北菜馆，本来想叫些别的，但菜单上的羊肉有种种不同的做法，忍不住又叫了一桌子羊。

节目录完，监制陈晓卿请我们到一家叫"西贝"的西北餐馆。地方很大，每间房都有自己的小厨房，称什么什么家，我们去的那间，就叫蔡家。

蒙古人当然吃羊啦，羊鞍子是一条条的羊排骨，用手撕开来啃肉，味道奇佳。我看菜单上有烤小羊，要了一碟，陈晓卿脸上有点你吃不完的表情，但一碟子的羊那么多人吃，怎会吃不完？一上桌才知道是一整只的小羊，烤得很香脆，照吃不误。接下来的，都是羊肉。

来北京之前听说这个冬天极冷，零下十五摄氏度。从机场走出，天回暖，是零下四五摄氏度吧？因为衣服穿得多，出了整身汗，酒店房间的热气十足，关掉空调还是热，只有请服务员来打开窗子才睡得着觉。电视摄影棚灯光打得多，又热了起来；餐厅更热，全身发滚。

没有理由那么热吧？后来发现羊肉吃得多，热量从体内发出。这个北京的冬天所流的汗，比其他地方的夏天更多。

羊痴们在寻觅与坚守中获取美味

天下老饕，到了最后，问他们吃过的哪一种最好，答案必定是羊肉！比起鸡猪牛，羊的味道很独特，怀着强烈的个性，只有厌恶和极喜，并不存在吃也可以、不吃也可以的灰色地带。

对于素食者，我们这般人都是嗜血的猛兽，这一点也没说错。羊吃草而生，跑得不快，我们不繁殖的话早就被狮子老虎吞个绝种。它不看门，也不耕作，活着是贡献来养活别的动物。而且佛家也说过，没亲自屠宰，还可原谅，我们安心吃羊去也。

这回在广州，去老友李文强、李文平两兄弟的"新兴饭店"，谈起羊，大家都有以上的同感。"新兴"专卖羊肉，由一家小店，开了一间又一间，当今的昌岗中路店共有三层，装修得堂皇，但并无俗气，挤满了好羊者，气氛极佳。

先来杯羊奶，从玻璃瓶子包装中倒出。以为会很膻，其实我也不怕，愈膻愈好。喝进口，只觉又香又浓，带点甜，又有些咸，味道真美妙。小时候喝羊奶，是印度人带着两条草羊到家门口，要了一杯，现挤现饮。据说很补，但小孩子懂得什么叫补？只觉得香味不逊牛奶就是。这种羊奶愈喝愈过瘾，怕在香港没得供应，今后只有考虑自己当代理商了。

第一道菜上的就是用羊奶来浸星斑，鱼和羊得一个鲜字的道理，发挥得淋漓尽致。这道菜非常精彩，羊奶入馔的可能性极大，还可以创出更多的煮法，即请行政总厨蔡宗春一齐来研究。自己享受过意不去，决定举办一个"羊痴大聚会"，召集各位一试。依照惯例，一吃就要十五个菜。传统的做法不能忘记，来一个店里拿手的羊腩煲，点以他们独创的酱汁，不像别的地方的腐乳酱那么简单。白切羊不可少，是第三道菜。第四来个羊丸，做得比台湾贡丸更爽脆。第五的羊杂汤，用羊腰、羊肝、羊肚和羊心好了。羊肺虽十成比不上猪肺，不可免之，是第六道。

别以为这些传统菜不特别，师傅的厨艺好坏，有天渊之别。如果要吃得广东话中的"溜"一点，那么第七道葡萄羊明镜一定满意。那是羊眼睛做的菜，不觉得恐怖，有如吃荤荔枝，我的助手徐燕华最中意了。

第八道把羊肉酿进海参中去炆出来。羊奶豆腐还是以羊奶当原料，但做起大菜来太寡，和李氏兄弟及蔡总厨研究后，加入羊脑，味就浓了，是第九。第十道也是共同研究出来的，大家说少了用羊骨髓入馔，就想出了以猪皮和高汤采熬骨髓，最后做成冻。

少了蔬菜，取羊腩浓汁来浸唐蒿（茼蒿）好了，第十一。十二是沙茶羊肉炒芥蓝。十三羊水饺。十四羊炒面。第十五以羊奶布丁收场。

和我们一齐想花样的还有何世晃先生，他当时七十二岁，十二岁入行做点心，有六十年经验，如果在日本，已是国宝级的人物。何先生和我一拍即合，许多在食物上的思维都是一致的。有机会遇到这位大师，岂可放过？即刻请他老人家出马，为我们设计一餐怀旧点心宴，同样是十五个菜，中间加入创新的也行。

由何大师想出来的快要失传的老点心有：一、灯芯花扁豆粥。二、蟹盖猪油包。三、双色萝卜糕。四、虾酱排骨。五、肉松咸蛋糕。年轻的朋友连名字也没听过，大感兴趣。我说这次来的都是羊痴，是否可做羊肉点心？何大师即刻设计了手撕羊春卷，是第六。

第七银耳羊奶挞，第八盐焗羊片角，第九羊奶生肉包，第十羊奶脆皮布丁，是一支支如蛋卷般地上桌。回到怀旧点心，娥姐粉果每个人做的不同，何大师的手艺不可不试，是第十一道菜。虾饺呢？他说有种叫金银虾饺的，第十二。高汤鱼皮面更是传统菜，第十三。甜的呢？有第十四道杞子马蹄糕。沙琪玛大家吃得多，咸的有没有试过？何大师已叫厨房做好了拿出来。这道沙琪玛是不能吃甜的人的恩物，加入代糖，不是太甜，但又下了盐，味道配合得极佳，是第十五道菜。

就那么决定了。羊痴大聚会的行程如次：乘早上十点多的直通车，十一点多抵达广州，即去"新兴"吃羊宴，下午购物或沐足等自由活动，晚上去我朋友开的穆斯林餐厅，又是大吃羊肉，还有新疆女郎载歌载舞，入住白天鹅酒店。翌日早餐，回到"新兴"吃怀旧点心宴后，直通车返港。不设观光，羊痴们对风景都不太有兴趣。

不想搞太大的团，不然控制不了水平，最多是八十位左右。团费即直通车来往的钱，加旅馆和三餐吃的，我们不收利润。讨厌羊肉的人不准参加，否则搞搞震（粤语，"调皮、喜欢恶作剧"），又说要吃别的东西，才不理会呢。和他们谈羊肉，就像与女人研究须后水，对方不会明白的。

爱吃泡菜的人，一吃上就停不了

泡菜不单能送饭，下酒也是佳品。

尝试过诸国泡菜，认为境界最高的还是韩国的"金渍"（Kimchi）。韩国人不可一日无此君，吃西餐中菜也要来一碟金渍。越战当年派去建筑桥梁的韩国工兵，运输机被打下，金渍罐头没货到，韩国工兵就此罢工。

金渍好吃是有原因的，是韩国悠久的历史与文化中产生的食物。先选最肥大的白菜，加辣椒粉、鱼肠、韭菜、萝卜丝、松子等泡制而成。韩国家庭的平房屋顶上，至今还能看到一坛坛的金渍。韩国梨以香甜著名，将它的心和部分肉挖出，把金渍塞入，再经泡制，为天下罕有的美味，这是朝鲜人的做法，吃过的人不多。

除了泡白菜，他们还以萝卜、青瓜、豆芽、桑叶等为原料。另一种特别好吃的是根状的蔬菜，叫 Toraji 的，味道尤其鲜美。他们什么菜都泡，说也奇怪，想不起他们的泡菜中有泡高丽菜的。

广东人称为椰菜的高丽菜，洋人也拿手泡制，但是他们的饮食文化中泡菜并不占重要的位置，泡法也简单，浸浸盐水就算数。中国北方人也用盐水泡高丽菜，但加几条红辣椒。做得好的是四川人。用豆瓣酱和糖腌高丽菜，有点像韩国金渍，但没有他们的酸味，可惜目前在四川馆子吃的，多数加了番茄汁，不够辣，吃起来不过瘾。

一般人的印象中，泡菜要花工夫甚多，但事实并非如此，泡个二十四小时已经足够，日本人有个叫"一夜渍"的泡菜，过夜便能吃。

日本泡菜中最常见的是腌得黄黄的萝卜干，一看就知道不是在吃泡菜而是吃染料。京都有种"干枚渍"，是把又圆又大的萝卜切薄片泡制，像一千片那么多，还可口。但是京都人特别喜欢用越瓜腌大量的糖泡菜，甜得倒胃，就不敢领教了。日本泡菜中最好吃的是一种叫 Betahra Tsuke 的，把萝卜腌在酒糟之中，吃起来有一股幽甜，喝酒的人不喜欢吃甜的东西，但是这种泡菜，酒鬼也钟爱。

其实泡菜泡个半小时也行，把黄瓜、白菜或高丽菜切成丝，放进热锅以中火炒之，泡醋、白葡萄酒，把菜盛在平盘上冷却，放个半小时便能吃。要是你连三十分钟也没有耐性等，那有一个更简单的制法，就是把小红葱头、青瓜切成薄片，加醋，加糖，如果喜欢吃辣的，可加大量的辣椒丝，揉捏一番，马上吃。豪华一点，以柠檬汁代替醋，更香。这种泡菜特别醒胃，可以连吞白饭三大碗。

秋天已至，是芥菜最肥美的时候。芥菜甘中带甜，味道错综复杂，是泡制腌菜的最佳材料，潮州人的咸菜，就是以芥菜心为原料，依潮州人泡制芥菜的传统方法，再加以改良，以配合自己的胃口，就此产生了蔡家泡菜，吃过的人无不赞好，说不定在"暴暴茶"之后，我会将之制成产品出售，这是后话。好货不怕公开，现在把"蔡家泡菜"的秘方叙述如下：

一、用一玻璃空缶，大型者较佳。

二、买三四个芥菜心，取其胆部，外层老叶不用。

三、水洗，风吹日晒或手擦，至水分干掉。

四、切成一英寸长、半英寸宽（约合二点五厘米长、一点三厘米宽）的长方形。

五、放入一大笼中或大锅中，以盐揉之。

六、隔个十五分钟，若性急，不隔也可以。

七、挤干芥菜给盐弄出来的水分。

八、用矿泉水洗去盐分，节省一点可以用白开水，但不可用生水，生水有菌。

九、再次挤干水分。

十、好了，到这个阶段，把玻璃缸拿出来，先确定缸里没有水分或湿气，然后把辣椒放在最底一层，半英寸左右，嗜辣者请用泰国指天椒。

十一、在辣椒的上面铺上一层一英寸左右芥菜。

十二、芥菜上面铺上一层半英寸左右切片的大蒜。

十三、大蒜层上又一层一英寸左右的芥菜。

十四、芥菜上铺一层半英寸左右的糖。

十五、再铺一英寸左右的芥菜，以此类推，根据缸的大小，层次不变。

十六、缸装满后，仍有空隙，买一瓶鱼露倒入（目前香港已经没有好鱼露，剩下李成兴厂制的尚可使用；泰国进口的，则以天秤牌较佳）。鱼露只要加至缸的一半即可，不用加满。

十七、浸个二十分钟，这不管你性急不性急，二十分钟一定要等的。

十八、把缸倒翻，缸底在上，再浸二十分钟。

十九、把缸扶正，打开缸盖，即食。

二十、当然，隔夜更入味，泡完之后，若放入冰箱，可保存甚久，但是这么惹味的东西，应即刻吃完，要是放上一两个星期还吃不完，那表示制作失败。

潮州泡菜中，还有橄榄菜、贡菜、豆酱浸生姜等，千变万化。如果老婆煮的菜不好吃，那也不用责骂，每餐吃泡菜以表无声抗议，多数会令她们有愧，厨艺跟着进步。

不同的烹饪方式，呈现不同的味道

　　我的好友刘幼林（Bob Liu），最喜欢说的故事，是我到他家中烧菜，一煮就煮出十道不同的咖喱来。

　　那是数十年前的事了。他当年住在东京原宿，角落头的大厦，楼下是间西装店，我常到他家做客。他首任太太叫贝拉，是位"中华航空"的空姐，纯中国人，但样子像混血儿，身材高大，美艳动人。她说她最爱吃咖喱了，我又约了一个日本当红歌星女友，乘机大为表演一番。

　　没下过厨的人，总以为咖喱很难炮制，其实最简单不过，只要失败过两三次，一定做得好。

　　咖喱有几个基本的步骤，那就是先下油，把切碎的洋葱爆它一爆。其他菜下猪油才香，但是咖喱却忌猪油，用植物油好了，粟米油、橄榄油都行，甚至用椰油，就是不能下猪油，牛油也尽量避免，因为咖喱不是以油香取胜的。

　　洋葱一个或两个三个，看咖喱的分量而定，咖喱的甜味，很靠洋葱。香港著名的咖喱店外，常见一大袋一大袋的洋葱，可见用的分量极多。不可弄得太碎，先把洋葱头尾切去，开半，把扁平的一方朝下，再直切或横切都行，不必太薄，指甲的长度分成三片即可。

烧热镬，下油，见油起烟，放洋葱，炒至金黄，香味喷出时就可以加咖喱粉或咖喱酱了。香港的香料店或杂货店里，一般卖的都是印度咖喱粉，如果用的都是同一样粉，就做不出十种咖喱来。基本上咖喱的原料只有几种，想要新鲜香甜的风味，用的是小豆蔻、肉桂、丁香和生姜；浓味的可选择姜黄和芫荽子。我们认为的"印度味"，那是加了孜然而产生的。

把印度咖喱粉加进洋葱中一齐炒，再下鸡肉拌匀炒香，最后注入清水，煮个半小时，第一道咖喱鸡就能上桌了。

第二道来点小食，以碎肉代替鸡，咖喱粉下得浓一点，炒后用薄馅皮包卷，再炸，就是咖喱春卷。

咖喱牛肉用南洋煮法了。所谓的南洋咖喱，包括了马来西亚和印度尼西亚，主要原料和印度咖喱相同，但是去掉了孜然，不用清水，以椰浆熬之。牛肉不可先煮软切块再放入咖喱中加热，这是香港咖喱餐厅的方法，以求方便，但这么一来咖喱归咖喱，肉归肉，二者不结合，味逊也。牛肉一定要和咖喱汁一齐炆至软熟才行；用了椰浆，比印度咖喱更为惹味，这是第三道。

第四道咖喱虾，用泰国方式烧出来。泰国咖喱很辛辣，下的是指天椒碎，我把它放在一旁，让愈吃愈嗜辣的人自己加。泰国咖喱为了中和辣味，也多下点糖，用了大量的香茅、高良姜和橙叶，烧出来的味道与印度或南洋咖喱截然不同。

第五道是咖喱鱼头了。最难做，因为刘幼林家里没有巨大的镬。也罢，用沸水淋之，去其腥味，再用咖喱粉放进大汤锅来煮，同时下叫为"淑女手指"的羊角豆，让它把咖喱汁吸进种子之中，咬破了有鱼子酱一般的口感。

本来要炒咖喱蟹的，但觉得太过平凡，想起在印度海边小镇 Goa 吃过的一道蟹菜，即刻依样画葫芦。那是把螃蟹蒸熟，拆下肉来备用。另边厢，去掉孜然，只用姜黄、肉桂和芫荽子，再加藏红花染色，蟹肉煮得鲜红，搅成一大团，用匙羹舀来吃，味道马上与几道菜完全不一样，无不赞好。这是第六道菜。

第七道菜分量不能太多，也不可再有肉类，就用高丽菜，广东人叫的椰菜来煮椰浆，放几片咖喱叶、丹桂树叶和众香子（Allspice）去串味。

这时可以来饭了，用姜黄、孜然芹、小豆蔻和丁香混合的粉煸炒洋葱；另一方面把印度野米洗净，倒入油锅中加盐去炒，再下香料，加水，盖上锅盖，慢煮个十五分钟，最后下几粒葡萄干拌之。咖喱饭是第八道。

第九道菜，用龙虾喂了粉炸成。"简直是天妇罗嘛。"女友问，"怎能叫成咖喱菜？""你先点一点酱。"我说。"那是黄芥末呀！""试过才知。"那碟像黄芥末的黄色酱料，与芥末完全无关，是用最普通的蛋黄酱混了咖喱粉拌成。"这是第九道咖喱菜。"我宣布。

"最后一道菜是什么？不会做咖喱甜品吧？"刘太太迫不及待地问。"说得不错，就是咖喱甜品！"做法简单，这道菜可花上几小时的工夫，是事先做好的，把小豆蔻的青豆荚捣碎，加一半牛奶一半忌廉，煮滚，待冷却。打蛋黄进去，搅匀，开火加热，令其变稠。这时可以加腰果碎、茴香粉、月桂粉，再添蜜糖，冷冻两小时，再搅，放入冰格。因时间不够，冻结不太成形，大家原谅，当了咖喱糖水喝。我在一边笑嘻嘻，一点咖喱也咽不下去，光喝酒，大醉，醒来全身咖喱味。

在随性中享受海鲜的精致与美味

倪匡兄嫂，在三月底返港，至今也有一个多月了。我自己事忙，只能和他们吃过几次饭。以为这次定居，再也没有老友和他夜夜笙歌，哪知宴会还是来个不停。

"吃些什么？"我问，"鱼？""是呀，不是东星斑，就是老虎斑。"老虎斑和东星斑一样，肉硬得要命，怎么吃？还要卖得那么贵，岂有此理！

真是替那些付钱的人不值，只有客气说好好好，后来他们看我不举筷，拼命问原因。倪匡兄问："你们知道东星斑和老虎斑，哪一个部位最好吃？""到底是什么部位？"我也想搞清楚。倪匡兄大笑道："铺在鱼上面的姜葱和碟底的汤汁呀，哈哈哈哈。"

曾经沧海难为水，我们当年在伊丽莎白大厦下面的北园吃海鲜，当今响当当的钟锦还是厨子的时候，吃的都是最高级的鱼，什么苏眉、青衣之类，当成杂鱼，碰都不会去碰。

"还是黄脚鱲好，上次你带我去流浮山，刚好有十尾，蒸了六尾，四尾滚汤，我后悔到现在。"他说。"后悔些什么？""后悔为什么不把十条都蒸了。"

趁这个星期天，一早和倪匡兄嫂又摸到流浮山去，同行的还有陈律师，一共四人。他运气好，还有五尾黄脚鱲，比手掌还要大一点，是最恰当的大小。再到老友十一哥培仔的鱼档，买了两尾三刀，赠送一条。看到红钉，也要了两条大的。几斤奄仔蟹，一大堆比石狗公还高级百倍的石崇煲汤。最后在另一档看到乌鱼，这在淡咸水交界生的小鱼，只能在澳门找到，也要了八尾，一人两条，够吃了吧？这次依足倪匡兄意思，全部清蒸。

"先上什么鱼？"海湾酒家老板娘肥妹姐问。"当然是黄脚鱲了。"倪匡兄吩咐。"有些人是把最好的留在最后吃的。"肥妹姐说。倪匡兄大笑，毫不忌讳地说："最好的应该最先吃，谁知道会不会吃到一半死掉呢！"

五尾黄脚鱲，未拿到桌子上已闻到鱼香，蒸得完美，黏着骨头，一人分了一尾，剩余的那条又给了倪匡兄。肚腩与鳍之间还有膏状的半肥部分，吃得干干净净。"介乎有与无之间，又有那股清香，吃鱼吃到这么好的境界，人生几回？"倪匡兄不客气地把我试了一点点的那尾也拿去吃光了。

三刀上桌，肉质并不比黄脚鱲差，香味略输一筹，比了下去，但在普通海鲜店，已是吃不到的高级鱼。

红钉，又叫红斑，我一听到斑，有点抗拒，试了一口，发现完全没有普通斑的肉那么硬。"其实好的斑鱼，都不应该硬的。"倪匡兄说。

奄仔蟹上桌，全身是膏，倪匡兄怕咬不动，留给别人吃："人的身体之中，最硬的部分都是牙齿，也软了。人一老真是要不得。"虽然那么说，见陈律师和倪太吃得津津有味，也试了一块，大叫"走宝"（粤语，"看走了眼"），把剩下的都扫光。

乌鱼本来清蒸的，但肥妹姐为了令汤更浓，也就拿去和石崇一起滚后，捞起，淋上烫热的猪油和酱油。乌鱼的肉质，比我们吃的那几种都要细腻。

黄脚鱲五尾，三刀三尾，红钉两尾，乌鱼八尾，一共十八条鱼，还不算那一堆石崇呢。

鱼汤来了。几个尾鱼、豆腐和芥菜滚了，四人一人一碗，肥妹姐说得对："要那么多汤干什么？够浓就是！"

我偷偷地向她说："你再替我弄两斤九虾来。"来到流浮山不吃九虾怎行？这种虾有九节，煮熟后又红又黄，是被人认为低贱的品种，所以没人养殖，全部野生，肉质又结实，甜得不得了。

"我怎样也吃不下去了。"倪匡兄宣布。这也奇怪，他吃海鲜，从来没听过他说这句话。我们埋头剥白灼九虾，不去理会，他终于忍不住，要了一尾，试过之后即刻抓一把放在面前，吃个不停。

一大碟九虾吃剩一半，我向肥妹姐说："替我们炒饭。""又要我亲自动手了？"她假装委屈。我说："只有你炒的才好吃嘛。"肥妹姐甜在心里，把虾捧了进去。不一会儿，炒饭上桌，黄色是鸡蛋，粉红的是虾，紫色的是虾膏。

倪匡兄又吃三大碗。"还想不想在流浮山买间屋子住住？"肥妹姐问。我知道他已不能抗拒这种诱惑，但在铜锣湾的房子刚刚租了下来，就向倪匡兄说："你弟弟倪亦靖不是喜欢大自然吗，请他和你合买一间，一星期来住个两三天，才回闹市去吧。"倪匡兄点头："可以考虑，有那么好的鱼吃，在月球上买一间也值得。"

担心是身体的毒害，不如想吃什么就吃什么

　　最近重看黑泽明导演的《用心棒》和《椿三十郎》，每件小道具都能细嚼欣赏，打斗场面又那么精彩，艺术性和商业性竟然能够如此糅合，实在令人佩服。若对黑泽明的生平想知道更多，在一本叫 Saral 的双周刊中有一篇讲他的饮食习惯，值得一读。

　　黑泽明的食桌，像他的战争场面一样，非常壮观，什么都吃。他自认为不是美食家，是个大食汉。与其人家叫他美食家，他说不如称为健啖者。

　　导演《椿三十郎》时，在外景地拍了一张黑白照片，休息时啃饭团。这饭团是他自己做的，把饭捏圆后炸了淋点酱油，加几片萝卜泡菜，是他的典型中餐。

　　黑泽明是一日四食主义者，过了八十岁，他还说："早餐，是身体的营养；夜宵，是精神上的营养。"

　　黑泽明有牛油瘾，麦片中也加牛油。其他的有蔬菜汁和咖啡加奶。

　　黑泽明不喜欢吃蔬菜，说怎么咬都咬不烂，要家人用搅拌机把胡萝卜、芹菜、高丽菜打成汁才肯喝。

黑泽明喜欢吃牛肉，是出了名的。传说中，整组工作人员都有牛肉吃，每天的牛肉费用要一百万日元，黑泽明爱吃淌着血的牛肉，而且一天要吃一公斤以上。

也不是每天让工作人员吃掉价值一百万日元的肉，不过黑泽明组的确是吃得好。他说过："尽量让大家酒足饭饱，不然怎么有精神拍戏？"

时常在家里请朋友和同事，每次他都亲自下厨。他不动手，但指挥老婆和女儿怎么做，像拍戏一样。

"我做烩牛尾最拿手，烩牛舌也不错，薯仔和胡萝卜不切块，整个放进锅煮，加点盐就是。我的煮法，单靠一个'勇'字。"黑泽明说。

亲朋好友回家了，黑泽明一个人看书、绘画、写作，深夜是他学习的时间，肚子饿了，当然要吃东西，所以"消夜是精神的营养"那句话由此得来。这时他不吵醒家人，自己进厨房炮制炒饭、炸饭团、茶泡饭等。最爱吃的还是咸肉三明治，用犹太人的咸肉，一片又一片叠起来，加生菜和芝士，厚得像一本字典，夹着多士（粤语，"吐司"）吃。再喝酒，一生爱的威士忌，黑白牌，但不是普通的，喝该公司最高级的Royal Household。

作曲家池边晋一郎到他家里，黑泽明问他要喝什么。他回答说喝啤酒好了，黑泽明生气地说："喝什么啤酒？啤酒根本不是酒！"

至于在餐厅吃饭，黑泽明喜欢的一家，是京都的开了上百年的老店"大市"，用个砂锅烧红了，下山瑞和清酒煮，分量不多，一客要两万两千日元。黑泽明每次要吃几锅才过瘾。我也常到这家去，味道的确好得出奇，介绍了多位友人，都赞美不已。

另一家是在横滨元町的"默林"，刺身非用当天钓到的鱼做不可，烤的一大块牛肉也是绝品。门牌是黑泽明写的。他的葬礼那天，老板还亲自送了一尾鱼到灵前拜祭。

一九九五年，黑泽明跌倒，腰椎折断，但照样吃得多。一九九八年去世，最后那餐吃的是金枪鱼腩、贝柱、海胆刺身和白饭，当然少不了他最喜欢的牛肉佃煮。

对于鸡蛋，还有些趣事。六十年代中，黑泽明还是不太爱吃鸡蛋，但身体检查之后，医生劝他别多吃，他忽然爱吃起来，一天几个，照吃不误。黑泽明说："担心更是身体的毒害；想吃什么，就吃什么，长寿之道也。"

黑泽明活到八十八岁，由此证明他说得没错。

大吃大喝也是对生命的尊重

作家亦舒在专栏感叹："莫再等待明年。明年外形、心情、环境可能都不一样，不如今年。那么就今天，不为什么，叫几个人大吃大喝吹牛搞笑，今天非常重要。"

举手举脚地赞成。

旁观者不拍手，反而骂道："大吃大喝？年轻人有什么条件大吃大喝？你根本就不知道钱难赚，怎么可以乱花？"

花完了才做打算，才是年轻呀。骂我这个人，没年轻过。

年轻时吃苦，是必经的路程。要是他们的父母给钱，得到的欢乐是不一样的，我见过很多青年，都不肯靠家里。

我想，能出人头地的，都要在年轻时有苦行僧的经历，所得到的，才能珍惜。对于人生，才更能享受。

所谓的享受，并非荣华富贵，有些人能把儿女抚养长大，已是成绩；有些人种花养鱼，已是代价。

今天过得比昨天快乐，才是亦舒所讲的重要。而这种快乐并非不劳而获，这是原则。

当然有些人认为年纪一大把，做人没有什么成就，但这只是一种想法，是和别人比较的结果。就算比较，比不足，什么问题都能解决。

大吃大喝并不必花太多的钱，年轻时大家分摊也不难为情。或许今天我身上没有，由你先付，明日我来请。路边档熟食中心的食物，不逊于大酒店的餐厅，大家付得起。

亦舒有时也骂我，一点储蓄也没有，把钱请客花光为止。这我也接受，只想告诉她我并不穷，也有储蓄，是精神上的储蓄。我的储蓄，老来脑中有大量回忆挥霍。

活着，大吃大喝也是对生命的一种尊重，可以吃得不奢侈。银行中多一个零和少一个零，根本上和几个人大吃大喝无关。

百种人，百样米

在法国南部旅行，每一顿都是佳肴，但吃了三天，就想念中国菜，其实也不一定是咕噜肉或鱼虾蟹，主要的还是要吃白饭。

意大利好友来港，我带他到最好的食肆，尝遍广东、潮州、上海菜，几餐下来，他问："有没有面包？""中餐厅哪来的面包？"我大骂。他委屈："其实有牛油也行。"

刚好是家新加坡餐厅，有牛油炒蟹，就从厨房拿了一些，此君把牛油放在白饭上，来杯很烫的滚水冲下去，待牛油溶了，捞着来吃，这是意大利人做饭的方法，也只有让他胡来了！

一种米，养百种人，这句话说得一点也没错，况且世上的米，不下百种。我们最常吃的是丝苗，来自泰国或澳大利亚，看样子，瘦瘦长长，的确有吃了不长肉的感觉，怕肥的人最放心。日本米不同，它肥肥胖胖，黏性又重，所以日本人吃饭不是从碗中扒，而是用筷子夹进口，女性又爱又恨，爱的是它很香很好吃，恨的是吃肥人。

香港的饮食，受日本料理的影响已是极深，就连米，也要吃日本的，我们的旅行团一到日本乡下的超级市场，首先冲到卖米的部门，回头问我：“那么多种，哪一样最好？”价钱不在他们的考虑之中，反正会比在铜锣湾崇光百货买便宜，我总是回答："新潟县的越光，而且要鱼沼地区生产的，有信用。"

但是鱼沼米还不是最好，最好的买不到，那是在神户吃三田牛时，友人蕨野自己种的米。他很懂得浪费，把稻种得很疏，风一吹，蛀米虫就飘落入水田中。如果贪心，种得很密的话，那么蛀虫会一棵传一棵。种出的米，表面要磨得深，才会好看。这一来，米就不香了，他的米只要略磨，所以特别好吃。向他要了一点，带回家，怎么炊都炊不香，后来才发现家政助理新买了一个电饭煲，炊不好日本米。

不过这一切都太过奢侈。从前在日本过着苦行僧式的生活时，连日本米也不舍得吃，一群穷学生买的是所谓的"外米"（Gaimai），那是由缅甸输入的米，有些断掉了只剩半粒。那么粗糙的米，日本人只用来当成饲料，我们都成为"畜生"，但当年是半工半读的，也没什么好抱怨。念完书后到台湾工作，吃的也是这种粗糙的米，他们叫为"在来米"，不知出自何典。那有什么蓬莱米可吃?

蓬莱米是日据时代改良的品种，在台湾经济起飞，成为"四小龙"时，才流行起来。口感像日本米，如果你是台湾人，当然觉得比日本米好吃。我试过的蓬莱米之中，最好吃的是来自一个叫雾社的地区，那里的松林部落土著种的米，真是极品，但怎么和日本米比较呢? 可以说是不同，各有各的好吃。

始终，我对泰国香米情有独钟，爱的是那种幽幽的兰花香气，是别的米所没有的。这种米在越南也可以找到，一般米一年只有一次收成，越南种的有四次之多，但一经战乱，反过来要从泰国输入，人间悲剧也。

欧洲国家之中，英国人不懂得欣赏米饭，只加了牛奶和糖当甜品，法国人也只当配菜，吃得最多的是西班牙人和意大利人，前者的大锅海鲜饭闻名于世；后者的 Risotto（调味饭）混了大量的芝士，由生米煮成熟，但也只是半生，说这才有 al dente（硬一点）的口感，其中加了野菌的最好吃。

意大利人也吃米，是从《粒粒皆辛苦》（*Bitter Rice*）一片中得知的，但那时候的观众，只对女主角施维娜·玛嘉奴（Silvana Mangano）的胸部感兴趣。我曾前往该产米区玩过，发现当地有种饭，是把米塞进鲤鱼肚子里做出来，和顺德人的鲤鱼蒸饭异曲同工，非常美味。意大利人还有一道鲜为人知的蜜瓜米饭，也很特别。

亚洲人都吃米，印度人吃得最多，他们的羊肉焗饭做得最好，用的是野米，非常长，有丝苗的两倍，炒得半生熟，混入香料泡过的羊肉块，放进一个银盅，上面铺面皮放进烤炉焗，香味才不会散。到正宗的印度餐厅，非试这道菜不可，若嫌羊膻，也有鸡的，但已没那么好吃了。

马来西亚人的椰浆饭也很独特，是第一流的早餐。另有一种把饭包扎在椰叶中压缩出来的饭，吃沙嗲的时候会同时上桌，也是传统的饮食文化。新加坡人的海南鸡饭，用鸡油炊熟，虽香，但也得靠又稠又浓的海南酱油才行。

至于中国，简单的一碗鸡蛋炒饭，又是天下美味。不过吃饭，总得花时间去炊，不如用面粉团贴上烤炉壁即刻能做出饼来方便。

但大家是否发现，人一吃饭，就变得矮小呢？日本人从前矮小，改成吃面包习惯后才长高。印度尼西亚女佣都很矮小，如果她们吃面包，一定会长高得多。

　　吃饭的人，应该是有闲阶级的人，比西方人来得优雅。高与矮，已不是重要的了。

抄　經　的　喜　悅

朴实与奢华的美食清单

电视上的饮食节目，都是一辑辑拍的。一辑有十三集，分十三个星期播，前后三个月，又称一季。这次我做的那个已多出两集，共十五集。拍摄完毕，本来以为可以休息一阵子，但接电视台来电，称收视率高，要添食，多来五集。临时的增加，令我乱了阵脚。

要再拍些什么呢？本来可以把《随园食单》或者《金瓶梅》菜谱再现的，友人又建议来《红楼梦》宴，但我觉得前二者是广东人说的外江佬（粤语，"外省人"）菜，在香港未必做得好；《红楼梦》宴又给做得太滥了，不值得再去花工夫。

想了又想，最后决定其中一集，重现陈梦因先生的《食经》中的一些小菜。和"镛记"的老板甘健成兄商量，他也认为大家做的都是粤菜，比较有把握。

回家后把《食经》重翻一遍，选出几道，虽然不是山珍海味，全是普通食材，做法有些也简单，只是教了我们窍门，趁"镛记"的师傅肯做，留记录给后辈的有心人。

一、干焙大豆芽。将大豆芽截尾，在镬内焙至极干，切生姜、葱白，和面豉在油镬爆过，下大豆芽同炒即成，虽是廉宜的菜，吃来甘香可口。

二、肉心蛋。蛋尖扎小孔，取出蛋白。用筷子伸入蛋，搅烂蛋黄，亦取出。瘦肉三分之二，剁成糜；肥肉三分之一，切为小粒。加姜汁、盐、酒拌匀，缓缓倒进蛋壳中，至半，再倒蛋白，才用白纸将孔封固，蒸至熟。吃时开壳，点麻油、生抽。

三、酿虾蛋。鸡蛋煲熟，破之为二，取出蛋黄，加鲩鱼、鲜虾、冬菇、葱白剁成茸，搅之至够匀，酿进蛋黄空位，炸至金黄。

四、蒸猪肝。用姜汁、生油、生抽、酒将猪肝腌过，加金针菜和云耳蒸熟即成，但猪肝不经腌制的话，则不滑。

五、镬底烧肉。有皮猪腩肉一斤切成方形，抹以酱油和蜜糖备用。铁镬中盛白米二斤，猛火煮沸。用镬铲将饭拨开，放入腩肉，皮向下，以汤碗封住，再把白米铺上，随即上镬盖。慢火焗至白饭熟透，而猪肉同时烧熟。味甘香鲜美，一如烧肉。

六、酿荷兰豆。把鲜虾、半肥瘦猪肉、冬菇和虾米剁碎，打至胶状，酿入荷兰豆荚，煎熟即成。

七、猪杂烩海参。海参浸透备用。猪粉肠、猪心等切件先烩，海参后下。上碟前，用幼竹穿好切成薄片的猪肝，油泡仅熟，再与其他配料同炒，即成。要是猪肝不另外处理，则会太硬。

八、煮虾脑。说是虾脑，不过是虾汁。剪下虾头，用刀背拍至扁碎，以布包之。用力将虾汁绞出，加冬笋和火腿片生炒。盐、酒、胡椒少许，煮滚即成，吃时虽不见虾脑，却有鲜浓的虾味。

九、合浦还珠。活虾去壳，刀开薄片，包核桃仁一粒、肥猪肉一粒，卷成珠状，蘸蛋白和生粉，炸至金黄。

十、蟹肉焗金瓜。蒸熟肉蟹去壳取肉。金瓜去皮，切成方块。加鸡蛋调味，放入焗炉里焗熟即成。

十一、番薯扣大鳝。番薯去皮切成骨牌形，蘸上炸浆，炸透备用。鳝肉用网油包住，另把大量的蒜头炸香。起红镬，稍爆豆豉，然后放入鳝肉，加水扣之。上碟时先以番薯垫底，吃鳝后，再吃吸收了鳝汁的番薯。

十二、酥鲫鱼。这道菜主要是教人怎么"酥"。先用橄榄多枚，去核舂烂，用橄榄的渣滓同汁把鲫鱼腌过。然后将已滚的油镬移离灶口，放鲫鱼进去，等滚油把鱼泡熟，以碟盛之。待鲫鱼完全没有热气后，又用油镬慢火将鲫鱼炸透，它的硬骨就会变酥。酥的秘密在于用榄汁腌过，炸两次的作用是避免将鱼炸至焦黑。

十三、黄酒鲤鱼炖糯米饭。用一斤重的公鲤、糯米一斤、黄酒一斤。鲤鱼剖净，不去鳞。洗糯米，以炖器盛之，加入鲤鱼和黄酒，隔水炖至饭熟即成，吃时淋上酱油和猪油。

十四、梅菜酿鲤鱼。鲤鱼剖净，辣椒切丝，梅菜心切粒，用油镬炒过，加少许糖和盐，然后将梅菜酿入鱼肚里。起红镬，爆椒丝，再下豆瓣酱，稍兜过，加水烧至滚，最后放入已酿好梅菜的鲤鱼，红火炆两小时。

十五、什锦酿蛋黄。蛋一定要用鸭蛋，鸭蛋黄的皮厚，可酿；鸡蛋蛋黄皮薄，不能用。用尖器在鸭蛋黄上开一个胡椒粒般大的小孔，将剁碎的半肥瘦猪肉、马蹄、虾仁、香芹和冬笋炒熟后酿入。鸭蛋黄皮有伸缩性，可酿到苹果一样大，这时再放蛋白，煎至熟为止。

十六、通心丸。一颗肉丸子，里面是空的，以为一定很难做，讲破了就没什么。原来是把猪油放入冰箱冻硬，包以猪梅肉、虾米、葱白剁成的肉糜。放进汤中煮熟，猪油融在丸中，就是通心丸了。

十七、姜花肉丸汤。上面那道通心丸子，滚了汤，加入姜花，即成。很多人不知道姜花煮起来又香又好吃。

十八、炒直虾仁、弯豆角。虾仁炒起来是弯的，豆角是直的，怎么相反？原来是把那条豆角无筋的那一边，用薄刀每隔一分割上一刀。每一条割七八九十刀，炒起来就曲了。虾仁用牙签穿起来，炒后还是直的，再把牙签拔掉就是，这道菜好玩多过好吃。

早一辈师傅留下的食谱，千变万化，是一个宝藏，有待我们去发掘，老的菜还没有学会，搞什么新派菜呢？

用素食来表达对生活的热爱

最近有缘认识了一群佛家师父，带他们到各斋铺吃过，满意的甚少，有机会的话，想亲自下厨，做一桌素食孝敬孝敬。

"你懂得吃罢了，会做吗？"友人怀疑。我一向认为欣赏食物，会吃不会做，只能了解一半。真正懂得吃的人，一定要体验厨师的辛勤和心机，才能领略到吃的真髓。"是的，我会烧菜，做得不好而已。"我说。

"你写食评的专栏名叫《未能食素》，这证明你对斋菜没有研究，普通菜色你也许会做几手，烧起斋菜来，你应付得了？"友人又问。《未能食素》是题来表现我的六根不清净，欲念太多罢了，并不代表我只对荤菜有兴趣。不过老实说，自己吃的话，素菜和荤菜给我选择，还是后者。贪心嘛，想多一点儿花样。

斋就斋吧！我要做的并非全部自己想出来的，多数是以前吃过，留下深刻印象，当今将之重温而已。

第一道小菜在"功德林"尝过，现在该店已不做的"炸粟米须"。

向小贩讨些他们丢掉的粟米须，用猛火一炸，加芝麻和白糖而成。就那么简单，粟米须炸后变黑，看不出也吃不出是什么东西，但很新奇可口。将它演变，加入北京菜的炸双冬做法，用冬笋和珍珠花菜及核桃炸得干干脆脆，上面再铺上粟米须，这道菜相信可以骗得过人。

接着是冷盘，用又圆又大的草菇。灼熟，上下左右不要，切成长方片；再把新界芥蓝的梗也灼熟，同样切为长方，铺在碎冰上面，吃时点着带甜的壶底酱油，刺身吃法，这道斋菜至少很特别。

多做一道凉菜，买大量的羊角豆，洋人称之为"淑女的手指"。剥开皮，只取其种子。另外熬一大锅草菇汁来煨它，让羊角豆种子吸饱，摊冻了上桌，用小匙羹一羹细嚼，羊角豆种子在嘴中咬破，啵的一声流出甜汁，没尝过的人会颇感稀奇吧。

接着是汤了，单用一种食材：萝卜。把萝卜切成大块，清水炖之，炖至稀烂不见为止。将萝卜刨成细丝，再炖过。这次不能炖太久，保持原形，留一点咀嚼的口感，上桌时在面上撒夜香花（夜来香）。

事先熬一锅牛肝菌当上汤，就可以用来炆和炒其他材料了。买一棵大白菜，只取其心，用上汤熬至软熟，用意大利小型的苦白菜（金玉兰菜）做底，生剥之，铺成一个莲花状，再把炆好的白菜装进去，上面刨一些庞马山芝士碎上桌。芝士，素者是允许的，买最好的水牛芝士，切片，就那么煎，煎至发焦，也是一道又简单又好吃的菜。

油也可起变化，弃无味之粟米油，用首榨橄榄油、葡萄核油、向日葵油或腌制过黑松菌的油来炒蔬菜，更有一番滋味。

以食材取胜，用又甜又脆的芥蓝头、带苦又香的日本菜花、甚有咬头的全木耳、吸汁吸味的荷叶梗等清炒。苦瓜炒苦瓜，是将一半已经灼熟，一半完全生的苦瓜一齐炒豆豉，食感完全不同。把豆腐渣用油爆香，本来已是一道完美的菜，再加鲜奶炒。学大良师傅的手法炮制，将豆腐渣掺在牛奶里面炒，变化更大。

这时舌头已觉寡，做道刺激性的菜佐之。学习北京的芥末墩做法，把津白（白菜）用上汤灼熟，只取其头部，拌以酱料。第一堆用黄色的英国芥末，第二堆用绿色的日本山葵，第三堆是韩国的辣椒酱，混好酱后摆回原形，三个白菜头有三种颜色，悦目可口。

轮到炖了，自制又香又浓的豆浆。做豆浆没有什么秘诀，水兑得少，豆下得多，就是那么简单。在做好的浓豆浆中加上新鲜的腐皮，炖至凝固，中间再放几粒绿色的银杏点缀一下，淋四川麻辣酱。

已经可以上米饭了，用松子来炒饭太普通，不如把意大利粉煮得八成熟，买一罐磨碎的黑松菌罐头，舀几匙进去油拌，下点海盐，即成。再下去是意大利白松菌长成的季节，买几粒大的削成薄片铺在上面，最豪华奢侈。

最后是甜品。潮州锅烧芋头非用猪油不香，芋头虽然是素，但已违反了原则，真正斋菜连酒也不可以加，莫说动物油了。只能花心机，把大菜糕溶解后，放在一锅热水上备用，这样才不会凝固。云南有种可以吃的茉莉花，非常漂亮，用滚水灼一灼，摊冻备用。这时，用一个尖玻璃杯，把加入桂花糖的大菜糕倒一点在杯底，枝朝上，花朵朝下，先放进一朵花，等大菜糕凝固，在第二层放进三朵，以此类推，最后一层是数十朵花，把杯子倒转放入碟中上桌，美得舍不得吃。

上述几道菜，有什么名堂？我想不出。最好什么名都不要。我最怕太过花巧的菜名，有的运用七字诗去形容，更糟透了。最恐怖的还是什么斋乳猪、烧鹅、叉烧、卤肉之类的名称。心中吃肉，还算什么斋呢？

生来好吃，命中注定

从李居明在新艺城工作的日子认识以来，已有很多年。

他那本《饮食改运学》的书提及我，查太太买来赠送。见封面，李居明从一位瘦小的青年变成圆圆胖胖、满脸福相的中年人了。

他说我是"戌"土生于"申"月，天生的好吃命。而属土的人需要火，所以我任何热气食物都吃，从来没有见过我大喊喉咙痛。

哈哈哈哈，一点也不错。他说生于秋天"戌土"的人，是无火不欢的，因为喜欢的东西皆为火也。

一、抽烟，愈多愈好。

二、喝酒，愈多愈行运。

三、吃辣，愈辣愈觉有味。

无论你列出烟、酒及辣有什么坏处，对蔡澜来说，便失效。八字要火的人，奇怪地抽烟没有肺癌，身体构造每个人都不同，蔡澜要抽烟才健康。

同样地，酒也是火物，但喝啤酒便乍寒乍热，生出个感冒来。

辣椒也是秋寒体质的人才可享用的食物，与辣是有缘的。

李居明又说我的八字最忌"金"。金乃寒冷，不能吃猪肺，因猪肺是"金"的极品。

这点我可放心，我什么都吃，但从小不喜猪肺。他也说我不宜吃太多鸡，鸡我也没兴趣。至于不能吃猴子，我最反对人家吃野味，当然不会去碰。

我现在大可把别人认为是缺点的事完全怪罪在命上了。我本来就常推搪，说父亲爱烟，母亲喜酒，对我都是遗传。而且不知道祖父好些什么，所以也是遗传吧。

一生好吃命，也与我的名字有关。蔡澜蔡澜，听起来不像菜篮吗？

蔡澜自问自答 1·关于吃

访问这种事，有时报纸和杂志都来找你，忽然，静了下来，几年没一个电话。后面来接受一个，传媒又一窝蜂拥上前，都是同样的问题，我回答了又回答，已失去新鲜感，所以尽量将答案写了下来，让来访问的人做参考。有些答案，从前的小品文中写过，未免重复，请各位忍耐。

"这篇东西，除了你的生日是何时之外，什么都没说到。"前一阵子一位记者到访，我把稿子交给她时，她这么说。

好，有必要多写几篇。最好分主题，你要问关于吃的，拿这一份去；要问穿的，这里有完全的资料。大家方便，所以今后还会继续预计对方所提的问题做出答复，今后你我见面之前，我先将访问的稿件传真给你，避免互相浪费时间。

问："为什么对吃那么有兴趣，从什么时候开始？"

答："凡是好奇心重的人，对任何事物都有兴趣。吃，是基本嘛。大概是从吃奶时开始吧。"

问："你是哺乳，还是喝奶粉？"

答："吃糊。"

问："糊？"

答："生下来刚好是打仗，母亲营养不够，没有奶。家里虽然有奶妈，但是喂姐姐和哥哥的。战乱时哪里买得到什么Klim？只有一罐罐的米碎，用滚水一冲就变成糨糊状的东西，吃它长大的。还记得商标上有一只蝴蝶，这大概是我人生中第一次的记忆。"

问："你提的 Klim 是什么？"

答："当年著名的奶粉，现在还可以找到。名字取得很好，把牛奶的英文字母翻过来用。"

问："会吃东西后，你最喜欢些什么？"

答："我小时候很偏食，肥猪肉当然怕怕，对鸡也没多大兴趣。回想起来，是豆芽吧，我对豆芽百食不厌，一大口一大口塞进嘴里，家父说我食态像担草入城门。"

问："你自己会烧菜吗？"

答："不会。"

问："电视上看过你动手，你不会烧菜？"

答："不，不会烧菜，只会创作。No, I don't cook. I create."（笑）

问："请你回答问题正经一点。"

答："我妈妈和我奶奶都是烹饪高手，我在厨房看看罢了。到了外国自己一个人生活，想起她们怎么煮，实习，失败，再实习，就那么学会的。"

问："你自己一个人动手是什么菜？"

答："红烧猪手。当年在日本，猪手是扔掉的，我向肉贩讨了几只，买一个大锅，把猪手放进去，加酱油和糖，煮个一小时，香喷喷地上桌，家里没有冰柜，刚好是冬天，把吃剩的那锅东西放在窗外，隔天还有肉冻吃。"

问："最容易烧的是什么菜？"

答："龙虾。"

问："龙虾当早餐？"

答："是的。星期天一大早起身，到街市去买一只大龙虾，先把头卸下斩成两半，在炉上铺张锡纸，放在上面，撒些盐慢火烤。用剪刀把肉取出，直切几刀再横切薄片，扔进水中，即卷成花朵状，剁碎辣椒，中间芹菜和冬菇，红绿黑地放在中间当花心，倒壶酱油点山葵生吃。壳和头加豆腐、芥菜和两片姜去滚汤，这时你已闻到虾头膏的香味，用茶匙吃虾脑、刺身和汤。如果有瓶好香槟和贝多芬音乐陪伴，就接近完美。"

问："前后要花多少时间？"

答："快的话半小时，但可以懒懒慢慢地做。做菜是消除寂寞最好的方法。一个人吃东西的时候，千万别太刻薄自己，做餐好吃的东西享受，生活就充实。"

问："你已经尝遍天下美食？"

答："不可以那么狂妄，要吃完全世界的东西，十辈子也不够。"

问："哪一个都市的花样最多？"

答："香港。别的地方最多给你吃一个月就都吃遍了。在香港，你需要半年。"

问："你嘴那么刁，不怕阎罗王拔你的舌头？"

答："有一次我去吉隆坡，三个八婆请我吃大排档，我为了回忆小时候吃的菜，叫了很多东西，吃不完。八婆骂我，'你来世一定没有东西吃。'

我摇头笑笑，说，'你们怎么不这么想想：我的前身，是饿死的？'"

问："谈到大排档，已经越来越少，东西也越来越不好吃了。"

答："所以大家在呼吁保护濒临绝种动物时，我大叫不如保护濒临绝种的菜式，这比较实在。"

问："你什么时候开始写食经？"

答："从专栏《未能食素》。"

问："未能食素，你不喜欢素菜？"

答："未能食素，还是想吃荤东西的意思，代表我欲望很强，达不到彼岸的平静。"

问："写餐厅批评，要什么条件？"

答："把自己的感想老实地记录下来就是。公正一点，别被人请客就一定要说好。有一次，我吃完了，甜品碟下有个红包，打开来看，是五千块。"

问："你收了没有？"

答："我想，要是拿了，下次别家餐厅给我四千九百九，我也会开口大骂的。"

问："很少读到你骂大排档式的食肆的文章。"

答："小店里，人家刻苦经营，试过不好吃的话，最多别写。大集团就不同了，哼哼。"

问："你描写食物时，怎会让人看得流口水？"

答："很简单，写稿写到天亮，最后一篇才写食经。那时候腹饥如鸣，写什么都觉得好吃。"

蔡澜自问自答 2 · 关于美食

问："你能不能准确地告诉我，今年多少岁了？"

答："又不是瞒年龄的老女人，为什么不能？我生于一九四一年八月十八日，属蛇，够不够准确？"

问："血型呢？"

答："酒喝得多，XO 型。哈哈。"

问："最喜欢喝什么酒？"

答："年轻时喝威士忌，来了香港跟大家喝白兰地，当年非常流行，现在只喝点啤酒。其实我的酒量已经不大。最喜欢的酒，是和朋友一齐喝的酒，什么酒都没问题。"

问："红酒呢？"

答："学问太高深，我不懂，只知道不太酸、容易下喉的就是好酒，喜欢澳大利亚的有气红酒，没试过的人很看轻它，但的确不错。"

问："你整天脸红红的，是不是一起身就喝？"

答："那是形象差的关系。我也不知道为什么整天脸红，现在的人一遇到我就问是不是血压高。从前，这叫红光满面，已经很少人记得有这一回事。"

问："什么是喝酒的快乐，什么是酒品，什么是境界？"

答："喝到飘飘然，语喃喃，就是快乐事。不追酒、不头晕、不作呕、不扰人、不喧哗、不强人喝酒、不干杯、不猜枚、不卡拉OK、不重复话题，这十'不'，是酒品。喝到要止即止，是境界。"

问："你是什么时候成为食家的？"

答："我对这个'家'字有点反感，我宁愿叫自己写作人、电影人。对于吃，不能叫吃人，勉强叫为好食者吧。我爱尝试新东西，包括食物。我已经吃了几十年了，对于吃应该有点研究，最初和倪匡兄一起写关于吃的文章，后来他老人家嫌烦，不干了。我自己那一篇便独立起来，叫《未能食素》，批评香港的餐厅。一写就几年，读者就叫我所谓的食家了。"

问："天下美味都给你试过了？"

答："这问题像人家问我，什么地方你没去过一样。我每次搭飞机时都喜欢看航空公司杂志后页的地图，那么多的城市、那么多的小镇，我再花十辈子，也去不完。"

问："要什么条件，才能成为食家？"

答："要成为一个好吃的人，先要有好奇心。什么都试，所以我老婆常说要杀死我很容易，在我尝试的东西里面下毒好了。要做食评人，先别让人家请客。自己掏腰包，才能保持公正。尽量说真话，这样不容易做到。同情分还是有的，对好朋友开的食肆，多赞几句，无伤大雅，别太离谱就是。"

问："做食家是不是自己一定要懂得煮？"

答："你又家家声（粤语，"人云亦云"）了。做一个好吃者、食评人，自己会烧菜是一个很重要的条件。我读过很多影评人的文章，根本对电影制作一窍不通，写出来的东西就不够分量。专家的烹调过程看得多了，还学不会，怎么有资格批评别人？"

问："什么是你一生中吃过的最好的菜？"

答："和喝酒一样，好朋友一起吃的菜，都是好菜。"

问："对食物的要求一点也不顶尖？"

答："和朋友，什么都吃。自己烧的话，可以多下一点功夫。做人千万别刻薄，煮一餐好饭，也可以消除寂寞。我年轻时才不知愁滋味地大叫寂寞，现在我不够时间去寂寞。"

问："做人的目的，只是吃吃喝喝？"

答："是。我大半生一直研究人生的意义，答案还是吃吃喝喝。"

问："就那么简单，那么基本？"

答："是。简单和基本最美丽，读了很多哲学家和大文豪的传记，他们的人生结论也只是吃吃喝喝，我没他们那么伟大，照抄总可以吧。"

蔡澜自问自答 3 · 关于茶

问："茶或咖啡，选一样，你选茶还是咖啡？"

答："茶。我对饮食，非常忠心，不肯花精神研究咖啡。"

问："最喜欢什么茶？"

答："普洱。"

问："那么多的种类，铁观音、龙井、香片，还有锡兰茶，为什么只选普洱？"

答："龙井是绿茶，多喝伤胃；铁观音是发酵到一半停止的茶，很香，只能小量欣赏才知味；普洱则是全发酵的，越旧越好，冲得怎样浓都不要紧。我起身就有喝茶的习惯，睡前也喝，别的茶反胃，有些妨碍睡眠，只有普洱没事。我喝得很浓，浓得像墨汁一样，我常自嘲说肚子进的墨汁不够。"

问："普洱有益吗？"

答："饮食方面，广东人最聪明，云南产普洱，但整个中国只有广东人爱喝，它的确能消除多余的脂肪，吃得饱胀，一杯下去，舒服无比。"

问："那你自己为什么还要搞什么'暴暴茶'？"

答："这个故事说起来话长，普洱因为是全发酵，有一股霉味，加上玫瑰干蕾就能辟去。我又参考了明人的处方，煎了解酒和消滞的草药喷上去，烘过，再喷，再烘，做出一种茶来克服暴饮暴食的坏习惯。起初是调配来给自己喝，后来成龙常来我的办公室试饮，觉得很好喝，别人也来讨了，烦不胜烦。"

问："你什么时候牌示把它当成商品，又为什么令你有做茶生意的念头？"

答："有一年的书展，书展中老是签名答谢读者没什么新意，我就学古人路边施茶，大量泡'暴暴茶'是给来看书的人喝，主办当局说人太多，不如卖吧，我说卖的话就违反了施茶的意义，不过卖也好，捐给保良局。那一年两块钱一杯，一卖就筹了八百块，我的头上'当'的一声亮了灯，就将它变成商品了。"

问："为什么叫'暴暴茶'？"

答："暴食暴饮也不怕啊！所以叫'暴暴茶'。"

问："你不认为'暴暴茶'这个名字很暴戾吗？"

答："起初用，因为它很响，你说得对，我会改的，也许改为'抱抱茶'吧。我喜欢抱人。"

问："为什么你现在喝的是立顿茶包？"

答："哈哈，那是我在欧洲生活时养成的习惯，那边除了英国，大家都只喝咖啡，没有好茶，随身带普洱又觉烦，干脆买些茶包，要一杯滚水自己搞掂。在日本工作时他们的茶包也稀得要命，我拿出三个茶包弄浓它，不加糖，当成中国茶来喝，喝久了上瘾，早晚喝普洱，中午喝立顿。"

问："你本身是潮州人，不喝工夫茶吗？"

答："喝。自己没有工夫，别人泡的我就喝，我喝茶喜欢用茶盅。家里有春夏秋冬四个模样的，现在秋天，我用的是布满红叶的盅。"

问："你喝茶的习惯是什么时候养成的？"

答："从小，父亲有个好朋友叫统道叔，到他家里一定有上等的铁观音喝，统道叔看我这个小鬼也爱喝苦涩的浓茶，很喜欢我，教我很多关于茶的知识。"

问："令尊呢，喝不喝茶？"

答："家父当然也爱喝，还来个洋酸尖，人住南洋，没有什么名泉，就叫我们四个儿女一早到花园去，各人拿了一个小瓷杯，在花朵上弹露水，好不容易才收集几杯拿去冲茶，炉子里面用的还是橄榄核烧成的炭，说这种炭，火力才够猛。"

问："你喝不喝龙井或香片？"

答："喝龙井，好的龙井的确引诱死人。不喝香片，香片北方人才欣赏，那么多花，已经不是茶，所以只叫香片。"

问："日本茶呢？"

答："喝。日本茶中有一味叫玉露的，我最爱喝了。玉露不能用太滚的水冲，先把热水放进一个叫 Oyusame 的盅中冷却一番，再把茶浸个两三分钟来喝，味很香浓，有点像在喝汤。"

问："台湾茶呢？他们的茶道又如何？"

答："台湾人那一套太造作，我不喜欢，茶叶又贵得要命，违反了喝茶的精神。"

问："你喝过的最贵的茶，是什么茶？"

答："大红袍。认识了些福建茶客，才发现他们真是不惜工本地喝茶。请我的茶叶，在拍卖中叫到了十六万港币，而且只有两百克。"

问："真的那么好喝吗？"

答："的确好喝，但是叫我自己买，我是付不出那么高的价钱，我在九龙城的茗香茶庄买的茶，都是中等价钱，像普洱，三百块一斤，一斤可以喝一个月，每天花十块钱喝茶，不算过分。一直喝太好的茶，就不能随街坐下来喝普通的茶，人生减少许多乐趣。茶是平民的饮品，我是平民，这一点，我一直没有忘记。"

蔡澜自问自答 4·关于酒

问："你脸红红的，喝了酒吗？"

答："没有呀。天生就是这一副模样，从前的人，见到我这种人，就恭喜我满面红光，当今，他们劈头一句'你血压高'。哈哈哈。"

问："真的没有毛病？"

答："一位干电影的朋友转了行，卖保险去，要求我替他买一份。看在多年同事的分上，我答应了。人生第一次买，不知道像我这个年纪，要彻底地检查身体才能受保，验出来的结果，血压正常，也没有艾滋病。"

问："胆固醇呢？"

答："没过高。连尿酸也验过，好在不必自己口试，都没毛病。"

问："你最喜欢喝的是哪一种酒？白兰地？威士忌、红酒、白酒？"

答："爱喝酒的人，有酒精的酒都喜欢，最爱喝的酒，是与朋友和家人一齐喝的酒。"

问："你整天脸红，是不是醒着的时间都喝？"

答："给人家冤枉得多，就从早上喝将起来，饮早茶时喝土炮籽蒸，难喝死了，但是虾饺烧卖显得更好吃了。饮茶喝籽蒸最好。"

问："有些人要到晚上才喝，你有什么看法？"

答："有一次倪匡兄去新加坡，我妈妈请他吃饭，拿出一瓶白兰地叫他喝，他说他白天不喝酒的，我妈妈说现在巴黎是晚上，你不喝？结果我们大家都喝了。"

问："大白天喝酒，是不是很堕落？"

答："能够一大早就喝酒的人，代表他已经是一个可以主宰自己时间的人，是个自由自在的人，是很幸福的。他不必为了要上班，怕上司看到他喝酒而被炒鱿鱼。他也不必担心开会时遭受对方公司的人侧目。这一定是他争取回来的身份，他已付出了努力的代价，现在是收获期，人家是白昼宣淫，这些是白昼宣饮，哈哈哈哈。白天喝酒，是因为他们想喝就喝，不是因为上了酒瘾才喝，怎样会是堕落？替他高兴还来不及呢。"

问："你会不会醉酒呢？"

答："那是被酒喝的人才会做的事，我是喝酒的人。"

问："什么是喝酒的人？"

答："喝够即止，是喝酒的人。"

问："什么叫作喝够即止，能做到吗？"

答："这是意志力的问题。我的意志力很强，做得到喝到微醉，就不再喝了。"

问："什么叫醉？请下定义。"

答："是一种轻飘飘的感觉。有点兴奋，但不骚扰别人。话说多了，但不抢别人的话题。真情流露，略带豪气。十二万年无此乐，叫作醉。"

问："醉得有暴力倾向，醉得呕吐呢？"

答：“那不叫醉，叫昏迷。”

问：“你有没有昏迷的经验？”

答：“一次。数十年前我哥哥结婚，摆了二十桌酒，客人来敬，我替大哥挡，结果失去知觉，醒来时，像电影的镜头，有两个脸俯视着我。原来是被抬到新婚夫妇的床上，影响到他们的春宵，真丢脸。从此不再做这种傻事。”

问：“你的老友倪匡和黄霑都已经不喝酒了，你还照喝那么多吗？”

答：“黄霑是因为有痛风不喝的。倪匡说人生什么事都有配额，他的配额用完了。我还好，还是照喝，喝多了一点倒是真的。我不能接受有配额的说法，我相信能小便就能做那件事，看看对方是什么人罢了。”

问：“现在流行喝红酒，你有什么看法？”

答：“太多人知道红酒的价钱，太少人知道红酒的价值。”

问：“我碰不了酒，很羡慕你们这些会喝酒的人，我要怎样才了解你们的欢乐？”

答：“享受自己醉去。”

问：“什么叫自己醉？”

答：“热爱生命，对什么东西都好奇，拼命问。问得多了，了解了，脑中产生大量的吗啡，兴奋了，手舞足蹈了，那就是自己醉，不喝酒也行，又达到另一种境界。”

图书在版编目（ＣＩＰ）数据

人生何不尽兴 / 蔡澜著. -- 北京：中国友谊出版
公司, 2019.4（2023.3重印）
ISBN 978-7-5057-4661-9

Ⅰ.①人… Ⅱ.①蔡… Ⅲ.①散文集－中国－当代
Ⅳ.①I267

中国版本图书馆CIP数据核字（2019）第057012号

著作权合同登记号　图字：01-2019-3388

书名	人生何不尽兴
作者	蔡澜
出版	中国友谊出版公司
发行	中国友谊出版公司
经销	新华书店
印刷	北京世纪恒宇印刷有限公司
规格	880×1230毫米　32开
	8.75印张　199千字
版次	2019年4月第1版
印次	2023年3月第3次印刷
书号	ISBN 978-7-5057-4661-9
定价	55.00元
地址	北京市朝阳区西坝河南里17号楼
邮编	100028
电话	（010）64678009

如发现图书质量问题，可联系调换。质量投诉电话：010-82069336